Alemão Essencial Para leigos

Memorizar algumas palavras básicas antes de viajar te deixa muito mais confiante, ainda mais em uma língua tão diferente do português quanto o alemão. Com essas pequenas listas, sua viagem pode se tornar muito mais agradável.

NÚMEROS

Saber contar é uma das primeiras coisas que aprendemos quando nos alfabetizamos. Conheça agora os números em alemão.

0 **null**	17 **siebzehn**
1 **eins**	18 **achtzehn**
2 **zwei**	19 **neunzehn**
3 **drei**	20 **zwanzig**
4 **vier**	21 **einundzwanzig**
5 **ünf**	22 **zweiundzwanzig**
6 **sechs**	30 **dreißig**
7 **sieben**	40 **vierzig**
8 **acht**	50 **fünfzig**
9 **neun**	60 **sechzig**
10 **zehn**	70 **siebzig**
11 **elf**	80 **achtzig**
12 **zwölf**	90 **neunzig**
13 **dreizehn**	100 **hundert**
14 **vierzehn**	200 **zweihundert**
15 **fünfzehn**	10000 **tausend** ou **ein tausend**
16 **sechzehn**	1.000.000 **million** ou **eine million**

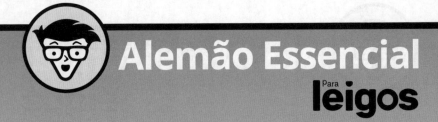

Alemão Essencial Para Leigos

CONTANDO O TEMPO

A contagem do tempo é um importante aspecto quando se visita outro país seja para conversar com agentes de aeroportos, recepcionistas de hotéis e até mesmo com a população local.

PARTES DO DIA

der Morgen (*manhã;* 4h ao meio-dia)
der Vormittag (*manhã;* 9h ao meio-dia)
der Mittag (*meio-dia;* 12h às 14h)
der Nachmitag (*tarde;* 14h às 18h)
der Abend (*noite;* 18h às 24h)
die Nacht (*madrugada;* 00h às 4h)

ADVÉRBIOS DE TEMPO

- heute (hoje)
- gestern (ontem)
- vorgestern (anteontem)
- morgen (amanhã)
- übermorgen (depois de amanhã)

DIAS DA SEMANA

- Montag (Mo) (segunda-feira)
- Dienstag (Di) (terça-feira)
- Mittwoch (Mi) (quarta-feira)
- Donnerstag (Do) (quinta-feira)
- Freitag (Fr) (sexta-feira)
- Samstag/Sonnabend (Sa) (sábado)
- Sonntag (So) (domingo)

MESES

- Januar (janeiro)
- Februar (fevereiro)
- März (março)
- April (abril)
- Mai (maio)
- Juni (junho)
- Juli (julho)
- August (agosto)
- September (setembro)
- Oktober (outubro)
- November (novembro)
- Dezember (dezembro)

Alemão
Essencial

para
leigos

Alemão Essencial

para leigos

Wendy Foster
Paulina Christensen, Dra.
Anne Fox

ALTA BOOKS
E D I T O R A
Rio de Janeiro, 2018

Alemão Essencial Para Leigos®
Copyright © 2018 da Starlin Alta Editora e Consultoria Eireli. ISBN: 978-85-508-0229-9

Translated from original German Essentials For Dummies®. Copyright © 2012 by John Wiley & Sons, Inc. ISBN 978-1-118-18422-6. This translation is published and sold by permission of John Wiley & Sons, Ltd., the owner of all rights to publish and sell the same. PORTUGUESE language edition published by Starlin Alta Editora e Consultoria Eireli, Copyright © 2018 by Starlin Alta Editora e Consultoria Eireli.

Todos os direitos estão reservados e protegidos por Lei. Nenhuma parte deste livro, sem autorização prévia por escrito da editora, poderá ser reproduzida ou transmitida. A violação dos Direitos Autorais é crime estabelecido na Lei nº 9.610/98 e com punição de acordo com o artigo 184 do Código Penal.

A editora não se responsabiliza pelo conteúdo da obra, formulada exclusivamente pelo(s) autor(es).

Marcas Registradas: Todos os termos mencionados e reconhecidos como Marca Registrada e/ou Comercial são de responsabilidade de seus proprietários. A editora informa não estar associada a nenhum produto e/ou fornecedor apresentado no livro.

Impresso no Brasil — 1ª Edição, 2018 — Edição revisada conforme o Acordo Ortográfico da Língua Portuguesa de 2009.

Obra disponível para venda corporativa e/ou personalizada. Para mais informações, fale com projetos@altabooks.com.br

Produção Editorial Editora Alta Books	**Gerência Editorial** Anderson Vieira	**Marketing Editorial** Silas Amaro marketing@altabooks.com.br	**Gerência de Captação e Contratação de Obras** autoria@altabooks.com.br	**Vendas Atacado e Varejo** Daniele Fonseca Viviane Paiva comercial@altabooks.com.br
Produtor Editorial Thiê Alves	**Produtor Editorial (Design)** Aurélio Corrêa	**Editor de Aquisição** José Rugeri j.rugeri@altabooks.com.br	**Ouvidoria** ouvidoria@altabooks.com.br	
Assistente Editorial Juliana de Oliveira				

Equipe Editorial	Bianca Teodoro	Ian Verçosa	Illysabelle Trajano	Renan Castro

Tradução Samantha Batista	**Copidesque** Carolina Gaio	**Revisão Gramatical** Thamires Leiroza Wendy Campos	**Revisão Técnica** Edite Siegert	**Diagramação** Luisa Maria Gomes

Erratas e arquivos de apoio: No site da editora relatamos, com a devida correção, qualquer erro encontrado em nossos livros, bem como disponibilizamos arquivos de apoio se aplicáveis à obra em questão.

Acesse o site www.altabooks.com.br e procure pelo título do livro desejado para ter acesso às erratas, aos arquivos de apoio e/ou a outros conteúdos aplicáveis à obra.

Suporte Técnico: A obra é comercializada na forma em que está, sem direito a suporte técnico ou orientação pessoal/exclusiva ao leitor.

Dados Internacionais de Catalogação na Publicação (CIP) de acordo com ISBD

F754a   Foster, Wendy

Alemão essencial para leigos / Wendy Foster, Paulina Christensen, Anne Fox ; traduzido por Samantha Batista. - Rio de Janeiro : Alta Books, 2018.
192 p. : il. ; 17cm x 24cm.

Tradução de: German Essentials For Dummies
Inclui índice e anexo.
ISBN: 978-85-508-0229-9

1. Línguas. 2. Idioma. 3. Alemão. I. Christensen, Paulina. II. Fox, Dra Anne. III. Batista, Samantha. IV. Título.

2018-91   CDD 430
             CDU 811.112.2

Elaborado por Vagner Rodolfo da Silva - CRB-8/9410

Rua Viúva Cláudio, 291 — Bairro Industrial do Jacaré
CEP: 20.970-031 — Rio de Janeiro (RJ)
Tels.: (21) 3278-8069 / 3278-8419
www.altabooks.com.br — altabooks@altabooks.com.br
www.facebook.com/altabooks — www.instagram.com/altabooks

Sobre as Autoras

endy Foster atua como professora, escritora, editora e tradutora há mais tempo do que consegue se lembrar. É graduada em língua alemã pelo Languages and Interpreting Institute, em Munique, Alemanha, mestre em francês pelo Middlebury College, em Middleburry, Vermont, e certificada para ensino público de alemão e francês. Ela estudou na França por dois anos antes de se estabelecer em Munique, Alemanha, onde trabalhou em vários cargos de ensino e escrita em inúmeras instituições, incluindo Siemens, HypoVereinsbank, Munich Chamber of Commerce e diversas editoras. Ela retornou recentemente para suas raízes na Nova Inglaterra, onde trabalha em casa com vista para um sapal espetacular que a seduz constantemente para andar de caiaque, nadar, caminhar e observar pássaros.

Paulina Christensen atua como escritora, editora e tradutora há quase dez anos. Tem graduação em inglês e literatura alemã, e desenvolveu, escreveu e editou vários livros-texto de língua alemã e guias de professores para a Berlitz International. Seu trabalho com tradução abrange de arte em novas mídias até ficção científica (revista Starlog). Ela trabalha, ocasionalmente, como intérprete jurídica e faz consultoria e interpretação em conferências educacionais, bem como dublagem para vídeos educacionais e CD-ROMs. A Dra. Christensen cursou seu mestrado e doutorado na Universidade Düsseldorf, Alemanha, e ensina nas Escolas de Idiomas Berlitz, Universidade de Nova York e Universidade Fordham.

Anne Fox atua como tradutora, editora e escritora há doze anos. Estudou na Escola de Intérpretes de Zurique, Suíça, e tem graduação em tradução. Suas várias tarefas a levaram ao espaço sideral, hiperespaço e a todo o mundo. Ela também ensinou nas Escolas de Idiomas Berlitz e trabalhou como revisora jurídica e técnica nos departamentos editoriais de vários escritórios de advocacia. Mais recentemente, tem desenvolvido, escrito e editado livros didáticos para alunos e guias de professores para a Berlitz.

Sumário Resumido

Introdução 1

CAPÍTULO 1: Apresentando o Essencial do Alemão 5

CAPÍTULO 2: Compreendendo Gênero e Caso. 23

CAPÍTULO 3: Lidando com o Presente 37

CAPÍTULO 4: Modalizando com Verbos Auxiliares 55

CAPÍTULO 5: Descrevendo e Conectando Seus Pensamentos 69

CAPÍTULO 6: Fazendo e Respondendo Perguntas. 93

CAPÍTULO 7: Voltando ao Passado 109

CAPÍTULO 8: Focando o Futuro 125

CAPÍTULO 9: Entendendo Modos Verbais 135

CAPÍTULO 10: Dez Distinções Verbais Importantes 149

APÊNDICE: Tabelas de Verbos 155

Índice 169

Sumário

INTRODUÇÃO 1
    Sobre Este Livro 1
    Convenções Usadas Neste Livro 2
    Penso que.. 2
    Ícones Usados Neste Livro 3
    De Lá para Cá, Daqui para Lá...................... 3

CAPÍTULO 1: Apresentando o Essencial do Alemão ...5
    Manipulando os Números 6
        1–2–3: Contando com números cardinais......... 6
        1º, 2º, 3º: Ordenando com números ordinais...... 8
    Expressando Datas 10
        Observando a semana 10
        Dando nome aos meses........................ 11
    Falando as Horas 12
        Usando o relógio de 12 horas.................. 13
        Usando o sistema de 24 horas 14
        Falando sobre partes do dia 14
    Identificando Classes Gramaticais................. 15
        Nomeando com substantivos e artigos 15
        Trocando por pronomes....................... 16
        Descrevendo com adjetivos.................... 17
        Expressando ações com verbos 17
        Modificando com advérbios.................... 18
        Conectando com preposições.................. 18
    Construindo Frases 19
        Colocando as palavras na ordem certa 19
        Colocando o verbo em segundo lugar.......... 20
        Colocando o verbo no fim 21

CAPÍTULO 2: Compreendendo Gênero e Caso 23
    Entendendo o Gênero da Palavra.................. 24
        Usando artigos indefinidos 25
        Trabalhando sem artigos 27
        Formando plurais............................. 28

Resolvendo os Casos. 30
   Identificando os quatro casos 30
   Entendendo por que os casos são importantes . . 31
Substituindo por Pronomes. 32
   Personalizando com pronomes pessoais 33
   Relacionando a pronomes relativos. 34
   Demonstrando os pronomes demonstrativos. . . . 35

CAPÍTULO 3: Lidando com o Presente. 37

Classificando Verbos 38
Selecionando Pronomes Subjetivos 38
   Dirigindo-se a alguém formal ou informalmente. . 39
   Desvendando sie, sie e Sie. 40
Expressando-se no Tempo Presente 41
   Observando verbos regulares 41
   Lembrando de verbos com alterações ortogáficas . . 43
   Lidando com os irregulares 45
   Espelhando com verbos reflexivos. 46
   Classificando os prefixos 48

CAPÍTULO 4: Modalizando com Verbos Auxiliares . .55

Um Manual sobre Verbos Auxiliares Modais. 56
Dando Permissão com Dürfen. 57
   Formando o verbo. 57
   Usando o verbo 58
Expressando Habilidade com Können 58
   Formando o verbo. 59
   Usando o verbo 60
Descrevendo Gostos com Mögen. 61
   Formando o verbo. 61
   Usando o verbo 62
Falando sobre Preferências
com Möchten. 63
   Formando o verbo. 63
   Usando o verbo 63
Mostrando Obrigação e Necessidade com Müssen 64
   Formando o verbo. 65
   Usando o verbo 65
Dando Conselhos com Sollen 66
   Formando o verbo. 66
   Usando o verbo 66

Declarando Intenções com Wollen 67
Formando o verbo 67
Usando o verbo 67

CAPÍTULO 5: Descrevendo e Conectando Seus Pensamentos 69

Usando Declinações em Adjetivos 70
Adjetivos descritivos 70
Adjetivos possessivos 73
Usando Advérbios para Modificar Adjetivos 74
Fazendo Comparações 75
Tipos regulares de comparação 75
Tipos irregulares de comparações 79
Comparações entre iguais e diferentes 81
Seu Manual Pessoal de Preposições 81
Observando o papel dos casos nas preposições . . 82
Enfrentando preposições de duas vias 88
Dominando as combinações de preposições 90

CAPÍTULO 6: Fazendo e Respondendo Perguntas . . . 93

Formulando Perguntas de Sim/Não 94
Respondendo a uma Pergunta de Sim/Não 94
A maneira afirmativa 95
A maneira negativa 97
Fazendo Perguntas Informativas 102
Usando palavras interrogativas 102
Chamando o caso em questão 103
Formulando palavras interrogativas c
ompostas com wo- 104
Fornecendo Informações 106

CAPÍTULO 7: Voltando ao Passado 109

Conversando com o Presente Perfeito 110
Formando o presente perfeito com
verbos fracos 111
Formando o presente perfeito com
verbos fortes 113
Formando o presente perfeito com o
verbo auxiliar sein 114
Formando o presente perfeito com verbos
incomuns 116

Sumário **xiii**

Você pronuncia os verbos de prefixos
separáveis com a ênfase na primeira sílaba,
que é o prefixo............................ 117

Escrevendo com o Passado Simples.............. 120

Criando o passado simples com verbos
(fracos) regulares 121

Criando o passado simples com verbos
(fortes) irregulares 122

CAPÍTULO 8: **Focando o Futuro**......................... 125

Usando o Presente para Expressar o Futuro 126

Sabendo quando usar o tempo presente 127

Inserindo expressões de tempo futuro......... 128

Falando sobre o Futuro com Werden.............. 129

Formando o futuro 129

Usando o futuro adequadamente 130

Lembrando-se da Ordem Certa das Palavras....... 133

CAPÍTULO 9: **Entendendo Modos Verbais** 135

Dando Ordens com o Imperativo 136

Observando as três formas imperativas 136

Usando o imperativo........................ 137

Compreendendo o Presente Subjuntivo II 138

Formando o subjuntivo II com würde 139

Formando o subjuntivo II com outros
verbos auxiliares........................... 140

Usando o presente subjuntivo II............... 142

Especulando com o Passado Subjuntivo II 143

Lidando com o Subjuntivo I Usado no
Discurso Indireto 145

Formando o presente subjuntivo I usado
no discurso indireto........................ 145

Formando o passado subjuntivo I usado
no discurso indireto........................ 147

CAPÍTULO 10:**Dez Distinções Verbais
Importantes** 149

Bringen e Nehmen: Trazer e Levar 150

Zahlen e Zählen: Pagar e Contar 150

Heib, Kalt, Satt e Voll: Sentir-se com Calor,
com Frio, Satisfeito e Bêbado................... 150

Lernen e Studieren: Aprender, Treinar e Estudar ... 151

xiv **Alemão Essencial Para Leigos**

Machen e Tun: Fazer 151
Wohen e Leben: Morar e Viver 152
Kennen e Wissen: Conhecer Pessoas, Lugares
  e Informações 152
Verbringen, Spendieren e Ausgeben: Passar
  Tempo e Gastar Dinheiro 153
Werden e Bekommen: Tornar-se e Obter 153
Essen e Fressen: Comer 154

APÊNDICE: **Tabelas de Verbos**....................... 155

Conjugando Verbos nos Tempos Presente
  e Passado Simples 155
Conjugando Verbos no Presente Perfeito,
  Futuro e Subjuntivo 156
  Presente perfeito 156
  Futuro...................................... 157
  Subjuntivo 157
Verbos Fracos 158
  Verbos regulares (sem mudança na raiz
    no passado simples) 158
  Verbos regulares (com raiz terminando em
    -d, -t, -fn ou -gn) 158
  Verbos fracos irregulares (com mudança
    na raiz no passado simples)................ 159
Verbos Fortes 159
  Verbos com auxiliar haben................... 159
  Verbos com auxiliar sein.................... 160
  Verbos com mudança de vogal no presente
    na 2ª e 3ª pessoa do singular.............. 160
Verbos com Prefixo Separável................... 161
Verbos com Prefixo Inseparável (Sem -Ge no
  Particípio Passado).......................... 161
  Verbos com particípio passado terminado
    em -t..................................... 161
  Verbos com particípio passado terminado
    em -en 162
Verbos Auxiliares Haben, Sein e Werden.......... 163
Auxiliares Modais Dürfen, Können, Mögen,
  Müssen, Sollen e Wollen 164
Partes Principais dos Verbos 166

ÍNDICE 169

xvi   Alemão Essencial Para Leigos

Introdução

Você pode ter aulas de alemão no colégio ou na universidade, ou talvez esteja interessado em atualizar seu alemão porque planeja passar algum tempo na Europa de língua alemã. Usar este livro prático de referências para ajudá-lo a melhorar seu alemão é uma ótima maneira de fazer um progresso mensurável — e rápido. Como? Bem, este livro mostra diálogos claros enquanto o guia através de uma revisão do material principal necessário para entender o nível básico do alemão.

Alemão Essencial Para Leigos lhe fornece acesso fácil para informações práticas que o ajudam a se comunicar em alemão com sucesso. Você encontra a gramática básica que encontraria em cursos introdutórios de alemão. Vê claramente o que precisa saber para se expressar em alemão falado e escrito. Este livro o conduz pelos caminhos da conversação em situações que encontra diariamente para interagir com confiança com falantes de alemão. Então use essa vantagem e fique pronto para falar, escrever e viajar **in Deutschland** (*na Alemanha*).

Sobre Este Livro

Alemão Essencial Para Leigos é direto e fornece acesso fácil a informações práticas que o ajudam a se comunicar em alemão com sucesso. Você encontra um bom equilíbrio entre pontos importantes da gramática e uma linguagem útil e comunicativa. Sem nem perceber, seu vocabulário alemão aumentará enquanto navega pelo livro.

Cada capítulo é independente, tornando este livro uma fonte de referência muito simples. Você pode seguir por ele na ordem que quiser, dando atenção às suas prioridades. Este livro é prático e acessível, esteja você buscando uma visão geral clara do que viu em uma disciplina ou reativando o alemão adquirido há algum tempo.

Convenções Usadas Neste Livro

Uso algumas convenções neste livro para ajudá-lo a encontrar elementos essenciais no texto:

» Coloco palavras e exemplos de frases em alemão em **negrito**. Também destaco em **negrito** terminações de palavras para facilitar seu reconhecimento.

» Marco em *itálico* os equivalentes em português que acompanham palavras e sentenças em alemão.

Penso que...

Ao escrever *Alemão Essencial Para Leigos*, fiz as seguintes suposições sobre quem você é e o que visa alcançar com este livro:

» Você adquiriu, pelo menos, algumas noções do alemão falado e escrito no ensino médio ou na universidade.

» Você quer revisar um pouco para passar em um teste ou para chegar ao próximo nível do alemão ao realizar um teste de nivelamento.

» Você quer expandir seu conhecimento de alemão para se sentir confortável com a língua falada e escrita. (Ou você quer sonhar em alemão.)

» Você está entusiasmado para aprimorar sua proficiência porque usa o alemão na escola, faz negócios com falantes de alemão ou pretende viajar para países de língua alemã.

Ícones Usados Neste Livro

Ao longo deste livro, incluo ícones na margem esquerda para chamar sua atenção para informações valiosas. Eis o que cada ícone significa.

Preste atenção a esses pontos-chave. Ao notar como o alemão se diferencia do português, você vê padrões que lhe mostram como organizar o alemão em sentenças que façam sentido.

Esse ícone o alerta para informações importantes que valem a pena lembrar. Guarde-as em sua cabeça, porque acabará as usando repetidamente.

Questões úteis que o ajudam a absorver o alemão mais fácil e eficazmente esperam por você quando vir esse ícone.

De Lá para Cá, Daqui para Lá

Pensando por onde começar? Tente dar uma olhada no Sumário e selecionar um capítulo que desperte seu interesse. Ou use o Índice para procurar um ponto específico que esteja interessado em ler. Basicamente, você não precisa seguir os capítulos em sequência porque cada um contém um tópico distinto, então é possível buscar a informação na ordem que quiser. Claro, não há nada que o impeça de seguir em sequência linear, se esse for o seu estilo. Só certifique-se de que esteja gostando do processo de absorver os conceitos centrais do alemão.

O Capítulo 1 o leva pelo básico do alemão, então você talvez queira conferi-lo primeiro para saber se está familiarizado com os tópicos e vocabulário básico tratados aqui. Tirando isso, sinta-se à vontade para seguir no próprio ritmo e na ordem que quiser. Pule as seções que ainda não estiver pronto para ler ou que não precisar ler imediatamente. Mais importante, onde quer que esteja no livro, **Viel Spaß!** (*Divirta-se bastante!*)

4   Introdução

> **NESTE CAPÍTULO**
>
> Contando com números cardinais e ordinais
>
> Dizendo datas e horas
>
> Identificando categorias gramaticais

Capítulo 1

Apresentando o Essencial do Alemão

Familiarizar-se com o uso de números, hora e datas é o básico de suas habilidades de alemão. Entender as classes gramaticais o ajudará a seguir em frente usando o alemão falado e escrito.

Manipulando os Números

Você encontra os dois tipos de números, cardinais e ordinais, em várias situações. *Números cardinais* são vitais para contagem, preços, números de telefone ou para comunicar horários e datas. Você usa os *números ordinais*, como primeiro, segundo e terceiro, para expressar o número de um andar ou qual rua pegar ao seguir orientações (como quando alguém lhe diz para pegar a terceira rua à esquerda). As seções seguintes detalham o uso de ambos os tipos de números.

1-2-3: Contando com números cardinais

A Tabela 1-1 mostra os números de 1 a 29. Note alguns pontos sobre os números a partir de 21:

> » São escritos como uma palavra só: **einundzwanzig** (*21*), **zweiundzwanzig** (*22*).

> » Seguem a regra da "carroça na frente dos bois" — ou seja, você fala o dígito das unidades antes do das dezenas, ligando as palavras com **und**: por exemplo, **vierundzwanzig** (*24; literalmente: quatro e vinte*).

TABELA 1-1   **Números Cardinais 1-29**

Números 0–9	Números 10–19	Números 20–29
0 null	10 zehn	20 zwanzig
1 eins	11 elf	21 einundzwanzig
2 zwei	12 zwölf	22 zweiundzwanzig
3 drei	13 dreizehn	23 dreiundzwanzig
4 vier	14 vierzehn	24 vierundzwanzig
5 fünf	15 fünfzehn	25 fünfundzwanzig
6 sechs	16 sechzehn	26 sechsundzwanzig
7 sieben	17 siebzehn	27 siebenundzwanzig
8 acht	18 achtzehn	28 achtundzwanzig
9 neun	19 neunzehn	29 neunundzwanzig

Alemão Essencial Para Leigos

DICA

No alemão falado, as pessoas usam comumente **zwo** em vez de **zwei**, o que evita a confusão — acusticamente falando — com **drei**. Para conferir que você ouviu **zwei** e não **drei** em números de cartão de crédito, preços, números de telefone, de quarto, e assim por diante, pergunte ou repita o(s) número(s), usando **zwo**. Diga, por exemplo, **Ich wiederhole vier-zwo-acht** (*Vou repetir quatro-dois--oito*). Se ainda não tiver certeza dos números mesmo depois de repeti-los a quem falou, tente o caminho à prova de falhas — peça que os envie por e-mail: **E-mailen Sie mir bitte diese Zahlen/ihre Telefonnummer**. (*Por favor, envie-me os números/seu número de telefone por e-mail.*) Por escrito, o número dois é sempre **zwei**.

A Tabela 2–1 mostra números representativos de 30 a 999. Números de dois dígitos seguem o mesmo padrão que 21 a 29 na Tabela 1–1: **einunddreißig** (*31; literalmente: um e trinta*), **zweiunddreißig** (*32; literalmente: dois e trinta*), e assim por diante. Números com mais dígitos, da mesma forma, invertem os dígitos de unidades e dezenas. Por exemplo, você leria 384 como **dreihundertvierundachtzig**, que significa, literalmente, *trezentos quatro e oitenta*.

Note que 30, diferente de outros múltiplos de dez (40, 50, e assim por diante), é escrito de forma levemente diferente. **Dreißig** não tem z no seu final, enquanto os outros números de dois dígitos têm (**vierzig**, **fünfzig**, e assim por diante).

TABELA 1-2   **Números Cardinais 30–999**

Números 30–100	Números 101–114	Números 220–999
30 dreißig	101 hunderteins	220 zweihundertzwanzig
40 vierzig	102 hundertzwei	348 dreihundertachtundvierzig
50 fünfzig	103 hundertdrei	452 vierhundertzweiundfünfzig
60 sechzig	104 hundertvier	573 fünfhundertdreiundsiebzig
70 siebzig	111 hundertelf	641 sechshunderteinundvierzig
80 achtzig	112 hundertzwölf	767 siebenhundertsiebenundsechzig
90 neunzig	113 hundertdreizehn	850 achthundertfünfzig
100 hundert	114 hundertvierzehn	999 neunhundertneunundneunzig

DICA

Em alemão, as pessoas frequentemente falam números de telefone de dois em dois dígitos, então você precisa ser supercuidadoso para entender a sequência certa enquanto anota o número. Por exemplo,

CAPÍTULO 1 **Apresentando o Essencial do Alemão** 7

o número 76 20 93 88 seria **sechsundsiebzig, zwanzig, dreiundneunzig, achtundachtzig** (*seis e setenta, vinte, três e noventa, oito e oitenta*).

DICA

Especialmente no alemão falado, você pode usar **einhundert** (*um cem*) em vez de **hundert** (*cem*). Assim o número fica mais claro para o ouvinte.

Ao se referir a moedas, você pode falar sobre as notas assim: imagine que está sacando 400€ em cheque de viagem e você quer três notas de 100€ e cinco notas de 20€. Você diz: **Ich möchte drei Hunderter und fünf Zwanziger.** (*Eu gostaria de três [notas de] cem [euros] e cinco [de] vinte.*) Os números **Hunderter** e **Zwanziger** são substantivos, e você os forma assim: pegue o número, por exemplo **hundert**, e adicione **-er** no final do número: **hundert** + **-er** = **Hunderter**.

Para os números maiores de 999, veja a Tabela 1-3.

TABELA 1-3   **Números Maiores que 999**

Numerais	Números por Escrito em Alemão
1.000	tausend ou ein tausend
1.000.000	Million ou eine Milllion
1.650.000	eine Million sechshundertfünfzigtausend
2.000.000	zwei Millionen
1.000.000.000	eine Milliarde
2.000.000.000	zwei Milliarden

1°, 2°, 3°: Ordenando com números ordinais

Números ordinais são os tipos de números que mostram a ordem em que as coisas estão. Você precisa de números ordinais quando fala sobre **das Datum** (*a data*), **die Feiertage** (*os feriados*), **die Stockwerke in einem Hotel** (*os andares em um hotel*), e coisas assim.

Números ordinais funcionam como adjetivos, então têm as terminações de adjetivo normalmente usadas em uma sentença. (Veja o

8   Alemão Essencial Para Leigos

Capítulo 5 para detalhes sobre adjetivos.) A regra geral para formar números ordinais é adicionar **-te** aos números de 1 a 19 e, então **-ste** aos a partir de 20. Por exemplo: **Nach der achten Tasse Kaffee, ist er am Schreibtisch eingeschlafen.** (*Depois da oitava xícara de café, ele dormiu sobre a mesa.*)

As três exceções para essa regra são **erste** (*primeiro*), **dritte** (*terceiro*) e **siebte** (*sétimo*). Por exemplo: **Reinhold Messner war der erste Mensch, der Mount Everest ohne Sauerstoffmaske bestieg.** (*Reinhold Messner foi a primeira pessoa a escalar o Monte Everest sem uma máscara de oxigênio.*)

Os outros dois adjetivos que você precisa conhecer ao ordenar coisas são **letzte** (*último*) e **nächste** (*próximo*). Você pode usá-los para se referir a uma sequência de números, pessoas, coisas ou o que for:

Könnten Sie bitte die letzte Nummer wiederholen? (*Você poderia repetir o último número, por favor?*)

Veja os exemplos de números ordinais na Tabela 1–4. A primeira coluna mostra os ordinais como dígitos, a segunda, os mesmos números ordinais como palavras e a terceira, como dizer *no* (*quinto andar, 12º dia de Natal, e assim por diante*).

Nota: Na Tabela 1–4, você vê como formular a expressão *no* (*primeiro*). É **am** + *número ordinal* + **en**. **Am** é a contração de **an** (*em*) + **dem** (*o*) e é formada ao pegar a preposição **an** mais **dem**, o dativo masculino de **der**. Você precisa mostrar uma concordância de caso dativo com o adjetivo **erste**, então adiciona **-n:**

TABELA 1–4   Números Ordinais

Ordinais como Numerais	Ordinais como Palavras	No...
1º	**der erste** (*o primeiro*)	**am ersten** (*no primeiro*)
2º	**der zweite** (*o segundo*)	**am zweiten** (*no segundo*)
3º	**der dritte** (*o terceiro*)	**am dritten** (*no terceiro*)
4º	**der vierte** (*o quarto*)	**am vierten** (*no quarto*)
5º	**der fünfte** (*o quinto*)	**am fünften** (*no quinto*)
6º	**der sechste** (*o sexto*)	**am sechsten** (*no sexto*)

(continua)

CAPÍTULO 1 **Apresentando o Essencial do Alemão** 9

(continuação)

7°	der siebte (o sétimo)	am siebten (no sétimo)
18°	der achtzehnte (o décimo oitavo)	am achtzehnten (no décimo oitavo)
22°	der zweiundzwanzigste (o vigésimo segundo)	am zweiundzwanzigsten (no vigésimo segundo)

Expressando Datas

Familiarizar-se com as palavras alemãs do calendário, como discutido nas próximas seções, simplifica muito agendar uma reunião ou planejar uma viagem.

Observando a semana

Em um calendário alemão, *a semana* (**die Woche**) começa na segunda-feira. Além disso, os dias da semana são todos do gênero masculino (**der**), mas geralmente são usados sem artigo. Por exemplo, se quer dizer que hoje é *segunda-feira*, você diz: **Heute ist Montag**.

Aqui estão os dias da semana seguidos pelas abreviações que você muitas vezes vê em agendas:

» **Montag** (Mo) (*segunda-feira*)

» **Dienstag** (Di) (*terça-feira*)

» **Mittwoch** (Mi) (*quarta-feira*)

» **Donnerstag** (Do) (*quinta-feira*)

» **Freitag** (Fr) (*sexta-feira*)

» **Samstag/Sonnabend** (Sa) (*sábado*)

» **Sonntag** (So) (*domingo*)

Nota: No norte da Alemanha, *sábado* é chamado de **Sonnabend**; as pessoas que vivem no sul da Alemanha, Áustria e a parte da Suíça que fala alemão usam o termo **Samstag**.

Alemão Essencial Para Leigos

Para indicar que algo sempre acontece em um dia específico da semana, um s é adicionado à palavra, e ela não é escrita mais em letra maiúscula. Por exemplo, você pode ir a um museu ou restaurante em uma segunda-feira e encontrá-lo fechado; no caso, você provavelmente verá uma placa na porta dizendo **montags geschlossen** (*fechado às segundas-feiras*).

Falando em dias: finja que é terça-feira e que quer confirmar seus planos de encontrar alguém no dia seguinte. Você pode perguntar se vocês se encontrarão na quarta-feira ou se o encontro é amanhã. A seguinte lista de palavras o ajuda a se referir a dias específicos:

>> **heute** (*hoje*)

>> **gestern** (*ontem*)

>> **vorgestern** (*anteontem*)

>> **morgen** (*amanhã*)

>> **übermorgen** (*depois de amanhã*)

Para falar precisamente sobre um momento específico de um dia em particular, você pode combinar as palavras anteriores com os períodos do dia discutidos na seção mais adiante "Falando sobre partes do dia". Experimente os exemplos a seguir:

heute Morgen (*esta manhã*)

heute Vormittag (*esta manhã*)

gestern Abend (*ontem à noite/noite passada*)

Dando nome aos meses

A lista a seguir mostra todos os nomes dos meses — note a semelhança entre os nomes em português e em alemão. Todos os nomes dos meses são masculinos, o que significa que seu artigo é **der**:

>> **Januar** (*janeiro*)

>> **Februar** (*fevereiro*)

>> **März** (*março*)

>> **April** (*abril*)

- **Mai** (*maio*)
- **Juni** (*junho*)
- **Juli** (*julho*)
- **August** (*agosto*)
- **September** (*setembro*)
- **Oktober** (*outubro*)
- **November** (*novembro*)
- **Dezember** (*dezembro*)

As frases a seguir mostram como montar o *calendário* (**der Kalender**) em alemão:

Ein Jahr hat 12 Monate. (*Um ano tem 12 meses.*)

Ein Monat hat 30 oder 31 Tage. (*Um mês tem 30 ou 31 dias.*)

Der Februar hat 28 oder 29 Tage. (*Fevereiro tem 28 ou 29 dias.*)

Eine Woche hat 7 Tage. (*Uma semana tem sete dias.*)

DICA

Para escrever datas como numerais, escreva o dígito seguido por um ponto: **Der 1. Mai ist ein Feiertag in Deutschland**. (*1º de Maio é feriado na Alemanha.*) Se disser a mesma frase, fica **Der erste Mai ist ein Feiertag in Deutschland**.

Falando as Horas

Imagine que esteja sentado em um parque sob uma árvore em um dia quente e ensolarado, pensando em que horas são. De repente, um coelho branco de jaqueta xadrez corre até você, para, puxa seu relógio de bolso e murmura sobre estar atrasado. Aqui estão duas maneiras de perguntar a ele ou a qualquer outra pessoa que horas são:

Wie viel Uhr ist es? (*Que horas são?*)

Wie spät ist es? (*Que horas são?*)

Falantes de alemão têm dois sistemas para dizer as horas: um usa os números de 1 a 12 em um relógio padrão e o outro, um formato de 24 horas. Eles usam o sistema de 12 horas em conversas casuais e o de 24 horas quando querem evitar qualquer chance de mal-entendido.

Usando o relógio de 12 horas

No início de cada hora, é fácil dizer que horas são. Você só diz **Es ist... Uhr**. (*São... horas.*)

Claro, você inclui o número da hora adequada antes da palavra **Uhr: Es ist acht Uhr**. (*São oito horas.*)

Indicar horários como três e quinze, dez para as oito ou onze e meia é um pouco mais complicado, mas você precisa saber apenas três expressões-chave. Para usar a palavra alemã equivalente a quinze, você inclui **Viertel** (*quarto*) mais a palavra **nach** (*depois/passado*) ou **vor** (*para/antes*) seguida da hora adequada, como mostrado nestes exemplos:

> **Es ist Viertel nach...** (*São quinze depois das...*)
>
> **Es ist Viertel vor...** (*São quinze para as...*)

Expressar meia hora não é tão direto. Em alemão, a palavra **halb** (*meia*) indica metade da hora que virá em vez da hora que passou. Você usa a frase **Es ist halb...** (*É meia hora antes...*) seguida da hora adequada. Por exemplo, quando são 4h30, você diz assim:

> **Es ist halb fünf.** (*É meia hora antes das 5h./São quatro e meia./É meia hora depois das quatro.*)
>
> **Es ist halb sieben.** (*É meia hora antes das 7h./São seis e meia./É meia hora depois das seis.*)

Quando precisa dividir o tempo em termos de minutos antes ou depois da hora, você usa **nach** (*passado/depois*) e **vor** (*para/antes*), dessa forma:

> **Es ist** fünf vor zwölf. (*São cinco [minutos] para as doze [horas].*)
>
> **Es ist zwanzig nach sechs.** (*São vinte [minutos] depois das seis.*)

Usando o sistema de 24 horas

Todos os tipos de negócios — de bancos, lojas e linhas aéreas a teatros, museus e cinemas — usam o sistema de 24 horas. Ele funciona como o usamos em português: depois de chegar a 12, continue adicionando horas (13, 14, 15, e assim por diante) até chegar a 24 ou **Mitternacht** (*meia-noite*), que também é chamada de **null Uhr**.

Nesse sistema de horário, você não usa frases como *meia hora depois* ou *quinze para as* (horas). Tudo é expresso em termos de minutos depois da hora. Note nos exemplos a seguir como a hora vem antes e então os minutos:

> **Es ist 15 Uhr dreißig.** (*São quinze horas e trinta.*)
>
> **Es ist 21 Uhr fünfzehn.** (*São vinte e uma horas e quinze.*)
>
> **Es ist 22 Uhr vierundvierzig.** (*São vinte e duas horas e quarenta e quatro.*)
>
> **Es ist null Uhr siebenundreißig.** (*São zero horas e trinta e sete.*)

Falando sobre partes do dia

Na Alemanha, quando quer descrever uma parte do dia, como manhã ou tarde, você tem várias opções. Entretanto, use os seguintes períodos de tempo com cautela; eles servem como guias. Afinal de contas, pessoas notívagas e madrugadoras têm ideias diferentes sobre quando uma parte do dia começa e outra termina.

>> **der Morgen** (*manhã;* 4h ao meio-dia)

>> **der Vormittag** (*manhã;* 9h ao meio-dia)

>> **der Mittag** (*meio-dia;* 12h às 14h)

>> **der Nachmitag** (*tarde;* 14h às 18h)

>> **der Abend** (*noite;* 18h às 24h)

>> **die Nacht** (*madrugada;* 00h às 4h)

Identificando Classes Gramaticais

Para construir uma sentença simples, você precisa de um certo número de tijolos: as classes gramaticais. As mais essenciais são substantivos, artigos, pronomes, adjetivos, verbos, advérbios e preposições. As seções a seguir trazem informações sobre cada parte da sentença.

Nomeando com substantivos e artigos

As coisas são o que são, certo? Bem, uma coisa também é um substantivo, e substantivos não são exatamente iguais em alemão e português. Embora os substantivos em ambas as línguas deem nomes às coisas (pessoas, lugares, objetos, conceitos, e assim por diante), a diferença é que todos os substantivos em alemão são escritos com inicial maiúscula e têm um de três gêneros: masculino, feminino ou neutro. Infelizmente, o significado de um substantivo normalmente não ajuda muito para prever seu gênero gramatical.

LEMBRE-SE

Em alemão, o gênero gramatical é estrutural, e não relacionado ao significado do substantivo. Em vez disso, é um tipo de marcador que identifica como o substantivo se encaixa em uma sentença. Desculpe, não existe um atalho. Você simplesmente precisa memorizar o gênero a que cada substantivo pertence. (Vá para o Capítulo 2 para obter ajuda para entender o gênero das palavras.)

Substantivos frequentemente aparecem na companhia de um aliado: um artigo definido ou indefinido.

> » **Artigos definidos:** Embora em português o artigo definido tenha duas formas, *o* e *a*, tem três formas em alemão: **der** (masculino), **die** (feminino) e **das** (neutro). A forma que você usa depende do gênero do substantivo alemão. **Der** é o artigo definido usado com substantivos masculinos, **die**, com femininos e **das**, com neutros.
>
> Ao conhecer um novo substantivo, descubra se seu artigo definido é **der**, **die** ou **das** — em outras palavras, determine o gênero do substantivo. Por exemplo, memorize **der Garten** (*o*

CAPÍTULO 1 **Apresentando o Essencial do Alemão** 15

jardim) em vez de apenas **Garten** (*jardim*), **die Tür** (*a porta*) em vez de **Tür** (*porta*), e **das Haus** (*a casa*) em vez de **Haus** (*casa*).

» **Artigos indefinidos:** Em português, você usa o artigo indefinido um ou uma quando quer especificar uma unidade de uma coisa específica. Como está lidando com três gêneros diferentes em alemão, também precisa usar três artigos indefinidos diferentes. Felizmente, o artigo indefinido para os substantivos masculinos e neutros é o mesmo, **ein**. Por exemplo, **ein Name** (*um nome*) ou **ein Bier** (*uma cerveja*). Para substantivos femininos, você adiciona um **e** a **ein**, formando **eine**. Por exemplo, **eine Nacht** (*uma noite*).

Nota: As terminações dos artigos mudam dependendo do caso do substantivo ao qual são adicionadas. Para informações sobre caso, veja o Capítulo 2.

Trocando por pronomes

Pronomes são um grupo de palavras úteis que substituem substantivos para que você não pareça redundante. Em alemão, os pronomes mudam de forma dependendo de seu papel na sentença. Por exemplo, **ich** (*eu*) pode mudar para **mich** (*me*) ou **mir** (*mim*). Na lista a seguir, você encontra os tipos de pronomes presentes neste livro (veja o Capítulo 2 para mais detalhes sobre cada um deles):

» **Pronomes pessoais:** Esses pronomes equivalem a *eu, você, ele, ela, isso, nós* e *eles*. Você os utiliza frequentemente na língua alemã cotidiana.

   Spielst du gern Karten? (*Você gosta de jogar cartas?*)

   Ja, ich spiele gern Poker. (*Sim, eu gosto de jogar pôquer.*)

» **Pronomes relativos:** Você os usa quando quer vincular mais informações sobre um substantivo ou um pronome já mencionado. Esse grupo inclui os equivalentes em alemão a *que, quem, cujo, de quem, o qual.*

   Ich kenne den Supermarkt, den du meinst. (*Eu sei [de qual] supermercado você está falando.*)

   Wie gefällt dir das Hemd, das ich anhabe? (*Você gosta da camisa [que] estou vestindo?*)

> **»** **Pronomes demonstrativos:** Você faz uso dos pronomes
> demonstrativos *este, aquele, estes* ou *aqueles* quando precisa
> dar ênfase a algo ou alguém para quem está apontando.
> Frequentemente, os pronomes demonstrativos são traduzidos
> como *ele, ela, isso, eles* ou *elas.*
>
> **Ist <u>diese </u>Straße relativ ruhig? Ja, <u>die</u> ist absolut ruhig.** (*Esta
> rua é relativamente calma? Sim, ela é absolutamente calma.*)
>
> **Wie findest du <u>diesen </u>Wein? <u>Den</u> finde ich ausgezeichnet.**
> (*Você gosta deste vinho? Ele é extraordinário.*)

O que você pensa em português como pronomes possessivos, por exemplo, **mein** (*meu*), **dein** (*seu*), **sein** (*dele*) ou **euer** (*seus*), são considerados adjetivos em alemão, porque as terminações que os formam lembram as de adjetivos descritivos. Veja o Capítulo 5 para saber mais sobre esse tópico.

Descrevendo com adjetivos

Adjetivos descrevem substantivos. Em alemão, têm terminações diferentes dependendo do gênero, caso (mais sobre isso no Capítulo 2) e número (singular ou plural) do substantivo que acompanham. Terminações de adjetivos também dependem se o adjetivo está acompanhado por um artigo definido, indefinido ou nenhum artigo. Eu o ajudo a descobrir como formar adjetivos adequadamente no Capítulo 5.

Expressando ações com verbos

Verbos expressam ações ou estados de existência. A pessoa realizando a ação é o sujeito do verbo, e o verbo sempre ajusta sua terminação ao sujeito. Por exemplo, você diz *Eu abro a porta* ou *o gato abre a porta.* No tempo presente no português, os verbos têm diferentes terminações (por exemplo, *abro, abre, abres, abrem, abrimos*). A maioria dos verbos em alemão, por outro lado, tem quatro formas diferentes. (Para mais informações sobre tempos, confira os Capítulos 3, 7 e 8.)

A forma verbal em seu estado estático básico é chamada de *infinitivo.* É o que você vê em qualquer dicionário. Em português, o verbo no infinitivo segue o padrão de *andar,* e você pode colocá-lo em uma frase como esta: *Eu sei andar de cavalo.* Os infinitivos do

CAPÍTULO 1 **Apresentando o Essencial do Alemão** 17

alemão, no entanto, normalmente têm a terminação **-en**, como em **lachen** (*rir*), presa ao que é chamado de raiz. Por exemplo, a raiz de **lachen** é **lach-**. Um pequeno número de verbos tem o infinitivo terminando em **-n**.

As raízes da maioria dos verbos não mudam, e as terminações de tais verbos são sempre as mesmas. Mas existem algumas exceções à regra. Quando a raiz do verbo termina em **-m**, **-n**, **-d** ou **-t**, você precisa inserir um **-e** antes da terminação em construções com **du**, **er/sie/es** e **ihr**, como em **er arbeit-e-t** (*ele trabalha*).

Modificando com advérbios

Advérbios acompanham verbos ou adjetivos, e seu propósito é descrevê-los. Em português, a maioria dos advérbios termina em *-ente* (como em: Eu corri escada abaixo *rapidamente*.) Em alemão, os advérbios são geralmente escritos da mesma forma que seus adjetivos equivalentes em sua forma básica, sem terminações especiais.

Por exemplo, **vorsichtig** (*cuidado/cuidadosamente*), que tem a mesma escrita para ambos, o adjetivo e seu significado adverbial. Quando você usa **vorsichtig** em uma frase como um advérbio, ele mantém a mesma escrita: **Fahren Sie vorsichtig!** (*Dirija cuidadosamente!*) No entanto, quando usa **vorsichtig** em uma frase como um adjetivo, ele muda sua forma (escrita) como todos os adjetivos em alemão fazem: **Sie ist eine vorsichtige Fahrerin**. (*Ela é uma motorista cuidadosa.*)

Conectando com preposições

Uma *preposição* é uma palavrinha que mostra o relacionamento entre seu objeto (um substantivo) e outra palavra ou palavras na frase. É parte de uma *frase preposicional*, que começa com uma preposição e tem um artigo, substantivo e outras palavras.

Você descobre o quão crucialmente importantes são esses carinhas ao expressar coisas como as seguintes:

> » Lugar/onde algo está localizado, como em **in** (*em*): **Es gibt eine Fliege in meiner Suppe.** (*Há uma mosca na minha sopa.*)

» Movimento/a direção na qual algo está indo **unter** (*sob*): **Eine Maus läuft unter meinen Stuhl.** (*Um rato está correndo sob a minha cadeira.*)

» Informação mostrando relacionamentos, como em **trotz** (*apesar de*): **Trotz dieser Überraschungen, schmeckt mir das Essen.** (*Apesar dessas surpresas, a comida está boa.*)

Preposições, como *em torno*, *antes* e *com*, combinam com outras palavras para formar frases preposicionais que fornecem informações sobre onde (*virando a esquina*), quando (*antes do meio-dia*), quem (*com você*), e muito mais. Preposições realizam tarefas incríveis quando são combinadas com outras palavras, especialmente substantivos e verbos, para criar uma gama diversa de expressões. Mas todas essas possibilidades têm um preço. Preposições são criaturinhas meticulosas, muito mais no alemão do que no português. Elas obedecem a regras gramaticais. Para ficar mais confortável em entender e usar preposições do alemão, veja o Capítulo 5.

Construindo Frases

Substantivos, pronomes, verbos, adjetivos e advérbios não são reunidos aleatoriamente; para criar uma frase lógica, você organiza as palavras em uma ordem específica. A ordem correta é determinada por certas regras, que as seções seguintes explicam.

Colocando as palavras na ordem certa

A ordem padrão das palavras em alemão é bem parecida com a ordem das palavras do português. Primeiro vem o sujeito, depois o verbo, seguido pelo resto da frase. Observe o exemplo de frase a seguir.

Sujeito	Verbo	Objeto Direto
Meine Freundin	**hat**	**einen Hund.**
Minha namorada	*tem*	*um cachorro.*

CAPÍTULO 1 **Apresentando o Essencial do Alemão** 19

Colocando o verbo em segundo lugar

Uma das coisas mais importantes a ser lembrada é o lugar do verbo em uma frase em alemão. Em *orações independentes*, como a da seção anterior, um verbo de uma palavra fica sempre em segundo lugar, não importa o que aconteça. O termo *segundo lugar*, no entanto, não significa, necessariamente, a segunda palavra na sentença. Ele se refere ao segundo "marcador de posição", que pode englobar mais de uma palavra. Por exemplo, **meine Freundin**, no sujeito do exemplo anterior, consiste em duas palavras, mas é o primeiro marcador de posição. No exemplo a seguir, o verbo é **fahren** (*dirigir*), e segue a regra do segundo lugar.

> **Meine Freundin fährt nach Dänemark.** (*Minha namorada está indo para a Dinamarca.*)

Que tal adicionar mais informações?

> **Meine Freundin fährt morgen mit dem Zug nach Dänemark.** (*Minha namorada está indo para a Dinamarca de trem amanhã.*)

LEMBRE-SE

O hábito em frases em alemão é colocar a referência ao tempo primeiro, seguida pela referência ao modo e, depois disso, ao lugar, como você pode ver no exemplo anterior, em que **morgen** (*amanhã*) aparece primeiro, depois **mit dem Zug** (*de trem*), seguido por **nach Dänemark** (*para a Dinamarca*).

O que acontece se a frase começar com **morgen**?

> **Morgen fährt meine Freundin mit dem Zug nach Dänemark.** (*Amanhã minha namorada está indo para a Dinamarca de trem.*)

Morgen está em primeiro lugar, e como o verbo precisa ficar em segundo, o sujeito segue o verbo. Tecnicamente, isso é chamado de *inversão do verbo*. Significa apenas que o verbo e o sujeito trocam de lugar. A inversão do verbo ocorre sempre que qualquer outra coisa que não seja o sujeito ocupa o primeiro lugar na frase.

Tendo dito isso, e a afirmação **Meine Freundin hat einen Hund** (da seção anterior)? Você pode trocar a ordem das palavras? Com certeza, contanto que o verbo fique em segundo lugar, assim: **Einen**

Hund hat meine Freundin. Mas por que se reorganizaria a ordem das palavras? Geralmente, você o faz para mudar a ênfase no significado. Por exemplo, você pode ouvir algo como a conversa a seguir:

> **Hat deine Schwester einen Hund?** (*Sua irmã tem um cachorro?*)
>
> **Nein, sie hat eine Katze. Einen Hund hat meine Freundin Heike.** (*Não, ela tem um* gato. *Quem tem* um cachorro *é a minha namorada, Heike.*)

LEMBRE-SE

Os falantes de alemão não ficam confusos brincando assim com a ordem das palavras? É aí que entra o famoso (e famigerado) sistema de casos alemão (tratado no Capítulo 2). Adjetivos e artigos que aparecem ao lado de substantivos e, em algumas situações, os próprios substantivos, assumem terminações diferentes, dependendo de sua função em uma sentença. Então não importa onde ele apareça em uma frase em alemão, você pode descobrir seu papel verificando a terminação do artigo, o próprio substantivo e/ou o adjetivo.

Colocando o verbo no fim

LEMBRE-SE

Orações dependentes costumam começar com *conjunções subordinadas* (palavras que ligam frases), como **dass** (*que*), **weil** (*porque*), **damit** (*para que*), **obwohl** (*embora*), **bevor** (*antes*) e **wenn** (*quando*). Essas conjunções subordinadas afetam a ordem das palavras: elas sempre empurram o verbo para o fim.

Confira a frase a seguir, que combina vários pensamentos para formar uma estrutura mais complexa:

> **Wir gehen nicht ins Konzert, weil wir kein Geld haben.** (*Nós não iremos ao concerto porque não temos dinheiro.*)

O verbo **gehen** (*ir*) está em segundo lugar, como esperado, mas o verbo **haben** (*ter*), na oração independente começando com **weil**, foi empurrado para o fim.

NESTE CAPÍTULO

Descobrindo o que os artigos têm a ver com gênero

Usando o caso adequado

Entendendo onde os pronomes se encaixam

Capítulo 2

Compreendendo Gênero e Caso

A maioria das palavras em uma frase em alemão recebe suas deixas dos substantivos (ou de seus estimados representantes, os pronomes). Ao estudar alemão, você não conhece de fato um substantivo novo a não ser que saiba suas características, que incluem o gênero. Então, para cada novo substantivo com que se depara, você precisa aceitar seu gênero como um integrante e memorizá-lo. Mas isso não é tudo.

Para usar substantivos e pronomes (assim como adjetivos e preposições) em uma frase em alemão, é preciso saber como se relacionam; esse é o papel do caso. O caso e o gênero são intimamente ligados e os considero peças de um quebra-cabeça ao formar frases.

Este capítulo lhe dá as informações sobre como o gênero e o caso trabalham lado a lado para formar várias terminações nos membros de duas grandes famílias de palavras: dos artigos e dos pronomes.

CAPÍTULO 2 **Compreendendo Gênero e Caso** 23

Entendendo o Gênero da Palavra

Na gramática alemã, *gênero* é a classificação de um substantivo ou pronome em uma de três categorias: masculino, feminino ou neutro. Esses gêneros são como marcadores que se referem às palavras, não a seus significados.

LEMBRE-SE

Você pode dizer o gênero de um substantivo alemão ao observar o artigo definido associado a ele. Os três marcadores de gênero, os artigos definidos **der** (masculino), **die** (feminino) e **das** (neutro), significam *o*, *a*, *os*, *as*.

Compare as três frases em alemão a seguir, que são as mesmas dos três exemplos em português:

> » **Kannst du das Mädchen da drüben sehen? Es ist sehr groß.**
> (*Você consegue ver a menina lá? Ela é bem alta.*) *A menina* em alemão é **das Mädchen**, um substantivo de gênero neutro, assim como todos os substantivos terminados em **-chen**.
> **Lembre-se:** O gênero de um substantivo é simplesmente uma referência gramatical.

> » **Der neue Deutschlehrer ist Herr Mangold. Ich glaube, dass er aus Bremen kommt.** (*O novo professor de alemão é Herr Mangold. Eu acho que ele vem de Bremen.*) Você se refere, gramaticalmente falando, a **Herr Mangold** como **er** (*ele*).
> Na maioria dos casos (mas não em todos) em alemão, seres masculinos são substantivos **der**, e femininos, **die**.

> » **Hast du die tolle Gitarre im Schaufenster gesehen? Sie hat zwölf Saiten.** (*Você viu aquele violão bacana na vitrine? Ele tem 12 cordas.*) Estranho, mas é verdade: gramaticalmente falando, um violão é feminino, então você se refere a ele como **sie** (*ela*).
> A maioria dos substantivos terminados em **-e** são femininos.

Artigos definidos não estão sempre presentes em frases. Às vezes, você pode ver um artigo indefinido em seu lugar, ou não ver nenhum sequer. As seções a seguir o ajudam a descobrir como determinar o gênero nessas situações. Elas também lhe informam sobre como formar substantivos no plural.

Usando artigos indefinidos

Assim como o português tem dois artigos indefinidos — *um* e *uma* —, que você usa com substantivos no singular, o alemão também tem dois artigos indefinidos (no caso nominativo): **ein**, para palavras de gênero masculino e neutro, e **eine**, para palavras do feminino. (Lembre-se de que, com substantivos do alemão, o gênero funciona puramente como um marcador gramatical.)

Um artigo indefinido tem muitos dos mesmos usos em ambas as línguas. Por exemplo, você o utiliza antes de um substantivo no singular que é contável da primeira vez em que é mencionado — **Ein Mann geht um die Ecke** (*Um homem vira a esquina*). Você também pode usá-lo quando um substantivo contável no singular representa uma classe de coisas; por exemplo: **Ein Elefant vergisst nie** (*Um elefante nunca esquece*). Você pode até usar **ein/eine** junto a um *substantivo predicativo* (um substantivo que complementa o sujeito, como a palavra sublinhada no exemplo a seguir): **Willy Brandt war ein geschickter Politiker** (*Willy Brandt era um político habilidoso*).

Eis como os artigos definidos e os indefinidos (caso nominativo) se relacionam.

Gênero/Número	Definido (o/a)	Indefinido (um/uma)
Masculino	**der**	**ein**
Feminino	**die**	**eine**
Neutro	**das**	**ein**
Plural	**die**	(sem forma plural)

Nota: O artigo indefinido alemão **ein/eine** não tem forma plural.

LEMBRE-SE

Algumas categorias de substantivos são consistentemente masculinas, femininas ou neutras. Por exemplo, o gênero do substantivo normalmente segue o da pessoa: **der Onkel** (*o tio*), **die Schwester** (*a irmã*). Com mais frequência, os grupos de substantivos têm a ver com sua terminação. Veja as Tabelas 2-1 e 2-2 (note, no entanto, que existem exceções).

CAPÍTULO 2 **Compreendendo Gênero e Caso**   25

TABELA 2-1 ## Gêneros Comuns por Terminação (ou Começo) do Substantivo

Normalmente Masculino (der)	Normalmente Feminino (die)	Normalmente Neutro (das)
-er (especialmente ao se referir a pessoas/ trabalhos masculinos)	**-ade, -age, -anz, -enz, -ette, -ine, -ion, -tur** (se estrangeiro/emprestado de outra língua)	**-chen**
-ich	**-e**	**-ium**
-ismus	**-ei**	**-lein**
-ist	**-heit**	**-ment** (se estrangeiro/ emprestado de outra língua)
-ner	**-ie**	**-o**
	-ik	**-tum** ou **-um**
	-in (ao se referir a pessoas/ ocupações femininas)	Começando com **Ge-**
	-keit	
	-schaft	
	-tät	
	-ung	

TABELA 2-2 ## Gêneros Comuns de Substantivos por Assunto

Normalmente Masculino (der)	Normalmente Feminino (die)	Normalmente Neutro (das)
Dias, meses e estações: **der Freitag** (*sexta-feira*)	Muitas flores: **die Rose** (*a rosa*)	Cores (adjetivos) usados como substantivos: **grün** (*verde*) → **das Grün** (*o verde*)
Localizações no mapa: **der Süd(en)** (*o sul*)	Muitas árvores: **die Buche** (*a faia*)	Nomes de locais geográficos: **das Europa** (*Europa*)
Nomes de carros: **der Audi** (*o Audi*)		Infinitivos usados como substantivos (gerúndios): **schwimmen** (*nadar*) → **das Schwimmen** (*nadando*)

26 **Alemão Essencial Para Leigos**

Nacionalidades e palavras que mostram cidadania: **der Amerikaner** (*o americano*)	Pessoas jovens e animais: **das Baby** (*o bebê*)
Ocupações na forma masculina: **der Arzt** (*o médico*)	

Nota: Substantivos compostos (dois ou mais em uma palavra) sempre têm o gênero do último substantivo: **die Polizei** (*a polícia*) + **der Hund** (*o cachorro*) = **der Polizeihund** (*o cão policial*).

Trabalhando sem artigos

Em alguns casos do alemão, você não usa artigo na frase. Antes de tudo, você não usa o artigo indefinido quando menciona profissão, nacionalidade ou religião de alguém. Eis três exemplos:

> **Mein Onkel war General bei der Bundeswehr.** (*Meu tio era [um] general no exército.*)

> **Sind Sie Australier oder Neuseeländer?** (*Você é [um] australiano ou [um] neozelandês?*) Nacionalidades são substantivos em alemão.

> **Ich glaube, dass sie Lutheranerin ist.** (*Eu acho que ela é [uma] luterana.*) Membros de uma afiliação religiosa (ou uma afiliação como um partido político) são substantivos em alemão.

Em segundo lugar, assim como no português, você não usa o artigo definido em afirmações gerais com substantivos no plural em alemão. Por exemplo: **Bienen sind sehr fleißige Insekten.** (*Abelhas são insetos muito trabalhadores.*) Mas você usa o artigo definido plural quando não está fazendo uma generalização: **Die Bäume haben keine Blätter.** (*As árvores não têm folhas.*)

Em terceiro lugar, nomes de países têm gênero, mais frequentemente **das**, mas você normalmente não inclui o artigo definido, como em **Viele berühmte Komponisten sind aus Deutschland oder Österreich**. (*Muitos compositores famosos são da Alemanha ou da Áustria.*)

CAPÍTULO 2 **Compreendendo Gênero e Caso** 27

Entretanto, há um pequeno número de exceções, especialmente:

Die Schweiz gehört nicht zur Europäischen Union. (*A Suíça não pertence à União Europeia.*) Note **die**, o artigo definido feminino.

Die Vereinigten Staaten sind die größte Volkswirtschaft der Welt. (*Os Estados Unidos têm a maior economia do mundo.*) Note **die**, o artigo definido plural.

Algumas outras exceções incluem **der Irak** (*Iraque*), **der Iran** (*Irã*), **die Niederlande** (*os Países Baixos*), **die Philippinen** (*as Filipinas*) e **die Türkei** (*Turquia*).

Formando plurais

Para formar artigos definidos no plural em alemão, **die** (*os/as*) é tudo de que precisa. **Die** corresponde às três formas singulares do artigo definido: **der**, **die** e **das**.

DICA

Embora **die** tenha a dupla função de um artigo definido feminino singular e definido plural para os três gêneros, você pode distinguir entre o singular e o plural. Primeiro, descubra a diferença nas terminações dos substantivos para cada substantivo feminino em sua forma singular e plural. Em seguida, considere o contexto na frase, pois isso pode ajudá-lo a ver se está lidando com uma forma singular ou plural do substantivo. O caso também entra na equação; falo sobre o caso mais à frente na seção "Resolvendo os Casos".

A Tabela 2-3 mostra as cinco principais maneiras de formar substantivos no plural em alemão. Não há um método rápido e fácil de saber de qual terminação plural você precisa, então dedique-se a conhecer as formas plurais. Veja alguns padrões para formar substantivos no plural (e lembre-se de que existem exceções):

» Substantivos femininos com os sufixos (femininos) **-heit**, **-keit** e **-ung** normalmente têm uma terminação plural **-en**: **die Möglichkeit** (*a possibilidade*) → **die Möglichkeiten** (*possibilidades*).

» Substantivos singulares terminados em **-er** podem não ter qualquer terminação no plural: **das Fenster** (*a janela*) → **die Fenster** (*as janelas*).

» Muitos substantivos têm um trema na forma plural, incluindo muitas palavras monossilábicas: **der Kuss** (*o beijo*) → **die Küsse** (*os beijos*); **der Traum** (*o sonho*) → **die Träume** (*os sonhos*).

» Alguns substantivos do alemão são usados apenas no plural ou no singular: **die Ferien** (*as férias [frequentemente: escolares]*) é sempre plural; **die Milch** (*o leite*) é sempre singular.

TABELA 2-3   ## Os Cinco Grupos Plurais do Alemão

Mudança Necessária	Singular e Plural no Português	Singular no Alemão	Plural no Alemão
Adicionar -s	o(s) escritório(s)	das Büro	die Büros
	o(s) café(s)	das Café	die Cafés
	o(s) chefe(s)	der Chef	die Chefs
	a(s) caneta(s)	der Kuli	die Kulis
Sem mudança, ou adicionar um trema (¨)	o(s) computador(es)	der Computer	die Computer
	a(s) janela(s)	das Fenster	die Fenster
	o(s) jardim(ns)	der Garten	die Gärten
	a(s) menina(s)	das Mädchen	die Mädchen
	o(s) pai(s)	der Vater	die Väter
Adicionar -e ou trema (¨) + -e	a(s) estação(ões) de trem(ns)	der Bahnhof	die Banhöfe
	o(s) amigo(s) (singular é masculino)	der Freund	die Freunde
	o(s) problema(s)	das Problem	die Probleme
	a(s) cidade(s)	die Stadt	die Städte
	a(s) cadeira(s)	der Stuhl	die Stühle
Adicionar -er ou trema (¨) + -er	o(s) livro(s)	das Buch	die Bücher
	a(s) bicicleta(s)	das Fahrrad	die Fahrräder
	a(s) casa(s)	das Haus	die Häuser

(continua)

CAPÍTULO 2 **Compreendendo Gênero e Caso**   29

(continuação)

	a(s) criança(s)	das Kind	die Kinder
	o(s) castelo(s)	das Schloss	die Schlösser
Adicionar -n, -en ou -nen	a(s) ideia(s)	die Idee	die Ideen
	o(s) menino(s)	der Junge	die Jungen
	a(s) irmã(s)	die Schwester	die Schwestern
	a(s) aluna(s)	die Studentin	die Studentinnen
	o(s) jornal(is)	die Zeitung	die Zeitungen

Resolvendo os Casos

Falantes de alemão indicam a função de um substantivo em uma frase, principalmente ao adicionar terminações a quaisquer artigos ou adjetivos o acompanhando (e, às vezes, ao próprio substantivo). As próximas seções apresentam os quatro *casos* do alemão — os papéis que os substantivos têm em uma frase — e ilustram por que eles são tão importantes para a gramática adequada do alemão.

Identificando os quatro casos

Em uma sentença, os substantivos aparecem em um de quatro casos, dependendo do seu papel: *nominativo* para o sujeito, *acusativo* para o objeto direto, *dativo* para o objeto indireto e *genitivo* para indicar posse.

» **Caso nominativo:** O sujeito de uma sentença está sempre no caso nominativo. Como regra, o sujeito é a pessoa ou coisa realizando a ação do verbo. Por exemplo, na frase **Der Junge stiehlt eine Wurst** (*O menino rouba uma salsicha*), o menino é o sujeito da frase: ele é quem rouba uma salsicha.

» **Caso acusativo:** O objeto direto da frase está sempre no acusativo. O objeto direto é a pessoa ou coisa diretamente afetada pela ação do verbo. Então, na frase de exemplo anterior, a *salsicha* é o objeto direto. É a coisa sendo roubada.

30   Alemão Essencial Para Leigos

> » **Caso dativo:** O objeto indireto da frase está sempre no caso dativo. Pense no objeto indireto como a pessoa ou coisa que recebe o objeto direto. Veja a sentença **Der Junge gibt dem Hund die Wurst** (*O menino dá a salsicha ao cachorro*). Aqui, o cachorro é o objeto indireto porque o menino dá a salsicha ao Totó. (A salsicha é o objeto direto, a coisa sendo dada.)
>
> Se uma frase tem dois objetos, um deles provavelmente é um objeto indireto. Se estiver em dúvida, tente traduzir a frase para o português: se colocar *para* antes de um dos substantivos, esse é o objeto indireto na frase em alemão.
>
> » **Caso genitivo:** É usado para indicar posse. A pessoa ou coisa que possui está no caso genitivo. Por exemplo, na frase **der Hund des Jungen** (*o cachorro do menino*), o menino possui o cachorro, então *o menino* está no caso genitivo.

Entendendo por que os casos são importantes

É crucial entender os casos se quiser se comunicar adequadamente em alemão. Por quê? Porque os artigos definido e indefinido mudam a escrita da palavra, dependendo do caso em que estiverem.

A Tabela 2–4 mostra como os artigos definidos mudam de acordo com o caso em que são usados.

TABELA 2-4   **Artigos Definidos por Caso**

Gênero	Nominativo	Acusativo	Dativo	Genitivo
Masculino	**der**	**den**	**dem**	**des**
Feminino	**die**	**die**	**der**	**der**
Neutro	**das**	**das**	**dem**	**des**
Plural	**die**	**die**	**den**	**der**

Os exemplos a seguir mostram o artigo definido masculino **der** com suas terminações adequadas nos quatro diferentes casos:

> **Der Fuchs läuft über die Straße.** (*A raposa atravessa a rua.*)
> **Der** = nominativo.

Kaufst du den Computer? (*Você está comprando o computador?*) **Den** = acusativo.

Ich leihe dem Freund mein Auto. (*Estou emprestando meu carro ao meu amigo.*) **Dem** = dativo.

Sie lebt in der Wohnung des Freundes. (*Ela mora no apartamento do seu amigo.*) **Des** = genitivo.

A Tabela 2–5 mostra o artigo indefinido **ein** sendo colocado em vários casos.

TABELA 2-5 Terminações de Ein por Caso

Gênero	Nominativo	Acusativo	Dativo	Genitivo
Masculino	ein	einen	einem	eines
Feminino	eine	eine	einer	einer
Neutro	ein	ein	einem	eines

Os exemplos a seguir mostram o artigo indefinido **ein** com suas terminações masculinas adequadas nos quatro casos diferentes:

Ein Fuchs läuft über die Straße. (*Uma raposa atravessa a rua.*) **Ein** = nominativo.

Kaufst du einen Computer? (*Você está comprando um computador?*) **Einen** = acusativo.

Ich leihe einem Freund mein Auto. (*Estou emprestando meu carro a um amigo.*) **Einem** = dativo.

Sie lebt in der Wohnung eines Freundes. (*Ela mora no apartamento de um amigo.*) **Eines** = genitivo.

Substituindo por Pronomes

Pronomes precisam mudar sua escrita/terminação de acordo com o papel que têm em uma frase (caso) e com o substantivo que substituem. Esta seção trata de três tipos de pronomes: pessoais, demonstrativos e relativos. (Pronomes reflexivos são ligados a verbos reflexivos, então trato deles no Capítulo 3.)

32   **Alemão Essencial Para Leigos**

Nota: Mais um grupo de pronomes, chamados de possessivos — como **mein** (*meu*), **dein** (*seu*), **unser** (*nosso*), e assim por diante — são, tecnicamente falando, classificados como adjetivos; têm terminações que se assemelham às dos adjetivos descritivos como *interessante*, *minúsculo* ou *rosa*. (Veja o Capítulo 5 para mais detalhes sobre adjetivos possessivos.)

Personalizando com pronomes pessoais

A família dos pronomes pessoais é muito útil em todos os tipos de situações quando você quer falar (ou escrever) sobre pessoas, incluindo você mesmo, sem repetir nomes o tempo todo. O caso nominativo frequentemente é usado em quase todas as línguas, e o alemão não é uma exceção. (Veja a seção anterior "Resolvendo os Casos", para saber mais sobre casos.)

DICA

Com pronomes pessoais do alemão, a maior diferença é que é preciso distinguir entre três maneiras de formular como dizer *você* para seu interlocutor: **du**, **ihr** e **Sie**. Outros pronomes pessoais, como **ich** e **mich** (*eu* e *me*), ou **wir** e **uns** (*nós*), são semelhantes ao português. *Nota:* O caso genitivo não está representado entre os pronomes pessoais porque indica posse; o pronome pessoal **mich** (*me*) só pode representar uma pessoa, não algo que ela possui.

Confira a Tabela 2–6 para os pronomes pessoais. Note que *você* e *isto* não mudam. Adicionei os fatores de distinção para as três formas **du**, **ihr** e **Sie** de maneira abreviada: singular = s., plural = pl., informal = inf., formal = form.

TABELA 2-6   **Pronomes Pessoais**

Nominativo (nom.)	Acusativo (acu.)	Dativo (dat.)
ich (*eu*)	mich (*me*)	mir (*me*)
du (*você*) (inf.)	dich (*lhe*)	dir (*lhe*)
er (*ele*)	ihn (*o*)	ihm (*o*)
sie (*ela*)	sie (*a*)	ihr (*a*)
es (*isto*)	es (*o/a*)	ihm (*o/a*)
wir (*nós*)	uns (*nós*)	uns (*nós*)

(continua)

(continuação)

ihr (vocês) (inf.)	euch (lhes)	euch (lhes)
sie (eles)	sie (lhes)	ihnen (lhes)
Sie (você) (s. ou pl., form.)	Sie (os/as)	Ihnen (os/as)

Relacionando a pronomes relativos

Você usa pronomes relativos (*quem*, *cujo*, *que* e *qual*) para incluir informações extras sobre um substantivo ou pronome anteriormente expressado. Você normalmente vê pronomes relativos na frente de uma oração relativa, em que se referem ao substantivo na oração principal. E o que é uma oração *principal*? É um fragmento de sentença que pode ser independente e ainda fazer sentido.

Uma *oração relativa* é um tipo de *oração subordinada*, que, como você provavelmente já adivinhou, é o tipo de fragmento de sentença que não pode ser independente.

LEMBRE-SE

A seguir há três pontos-chave sobre pronomes relativos:

» **Em alemão, você deve usar um pronome relativo para conectar a oração principal e a relativa.** Por exemplo: **Ist das der Mann, den du liebst?** (*Aquele é o homem [a quem] que você ama?*) Nessa sentença, a oração principal é seguida pela relativa, **den du liebst**. **Den** é o pronome relativo conectando as duas partes da sentença.

» **Você coloca uma vírgula entre a oração principal e a relativa.** Lembre-se de que a oração relativa começa com o pronome relativo. Por exemplo: **Bestellen wir die Pizza, die wir meistens essen.** (*Vamos pedir a pizza que normalmente comemos.*) Em alemão, você tem uma vírgula separando a oração principal **Bestellen wir die Pizza** da relativa **die wir meistens essen**, que começa com o pronome relativo **die**.

» **A ordem das palavras entra em jogo nas orações relativas.** Você empurra o verbo conjugado para o fim da oração. Por exemplo: **Gestern habe ich eine gute Freundin getroffen, die ich seit Jahren nicht gesehen habe.** (*Ontem eu me encontrei com uma boa amiga que não via há anos.*) Na oração relativa **die ich seit Jahren nicht gesehen habe**, o verbo tem duas partes:

gesehen, o particípio passado, e **habe**, a parte conjugada do verbo. **Habe** é a última palavra na frase. (Para informações aprofundadas sobre o tempo verbal presente perfeito, vá para o Capítulo 7.)

A Tabela 2–7 mostra o desmembramento dos pronomes relativos (*quem, a quem, cujo* e *que*) por gênero e caso.

TABELA 2-7 **Pronomes Relativos**

Gênero/Número do Substantivo Sendo Substituído	Caso Nominativo	Caso Acusativo	Caso Dativo	Caso Genitivo
Masculino (m.)	der	den	dem	dessen
Feminino (f.)	die	die	der	deren
Neutro (n.)	das	das	dem	dessen
Plural (pl.)	die	die	denen	deren

Demonstrando os pronomes demonstrativos

LEMBRE-SE

Você usa um pronome demonstrativo quando quer enfatizar ou indicar o pronome que substitui um substantivo. Além dos demonstrativos *ele, isto, eles*, e assim por diante, as traduções (entre parênteses) que vê na Tabela 2–8, você também pode traduzi-los com os demonstrativos *isso, isto, aquele* ou *esses, estes, aqueles*. Parecido com o português, o pronome demonstrativo geralmente vem no começo de uma frase. Você usa pronomes demonstrativos no caso nominativo para enfatizar o sujeito ou no acusativo para enfatizar o objeto.

Quando falamos de pronomes demonstrativos, há apenas uma diferença entre o caso nominativo e o acusativo, e isso com os pronomes masculinos. **Der** é o nominativo, e **den**, o acusativo. Com exceção do acusativo **den**, você só precisa saber o gênero do substantivo que está substituindo — ou se é plural — e, então, usar aquela forma do pronome demonstrativo.

CAPÍTULO 2 **Compreendendo Gênero e Caso** 35

TABELA 2-8 | Pronomes Demonstrativos

Gênero/Número do Substantivo Sendo Substituído	Caso Nominativo (para Sujeitos e Substantivos Predicados)	Caso Acusativo (para Objetos Diretos)
Masculino (m.)	**der** (*ele/isto*)	**den** (*ele/isto*)
Feminino (f.)	**die** (*ela/isto*)	**die** (*ela/isto*)
Neutro (n.)	**das** (*isto*)	**das** (*isto*)
Plural (pl.)	**die** (*eles*)	**die** (*os*)

As palavras sublinhadas nos exemplos a seguir são os substantivos e os pronomes demonstrativos que substituem o substantivo para mostrar ênfase:

» **Ist der Flug ausgebucht?** (*O voo está completamente reservado?*) **Der Flug** é um substantivo masculino singular; está no caso nominativo.

Ja, der ist voll. (*Sim, está lotado.*) **Der** é o sujeito da frase, então está no caso nominativo, e substitui **der Flug**, que é o masculino singular. **Der** é o pronome demonstrativo masculino singular no caso nominativo.

» **Wie findest du die Trauben?** (*O que você acha das uvas?*) **Die Trauben** é plural; está no caso acusativo.

Die finde ich herrlich! (*Eu acho que estão ótimas!*) **Die** é o objeto direto da frase, então está no acusativo. **Die** substitui **die Trauben**, que é plural, então você usa o pronome demonstrativo acusativo plural, **die.**

» **Wo hast du den Mantel gekauft?** (*Onde você comprou o casaco?*) **Den Mantel** é o substantivo singular masculino **der Mantel** no caso acusativo.

Den habe ich bei Kaufhaus Cloppenburg gekauft. (*Eu o comprei na loja Cloppenburg.*) **Den** é o objeto da frase e substitui **den Mantel**. **Den** é o pronome demonstrativo singular masculino no caso acusativo.

» **War die Prüfung schwierig?** (*A prova estava difícil?*) **Die Prüfung** é um substantivo feminino singular; está no nominativo.

Nein, die war sehr leicht. (*Não, estava muito fácil.*) **Die** é o sujeito da frase, então está no nominativo. **Die** substitui **die Prüfung**. É o pronome demonstrativo feminino singular no nominativo.

> **NESTE CAPÍTULO**
>
> **Entendendo os tipos de verbos no tempo presente em alemão**
>
> **Escolhendo o pronome subjetivo adequado**
>
> **Lidando com verbos em alemão no tempo presente e suas conjugações**

Capítulo 3

Lidando com o Presente

O alemão usa o tempo presente em praticamente todas as mesmas situações que o português.

Neste capítulo, você descobre como conjugar verbos regulares e irregulares e com mudanças na escrita. Você também compreende como usar verbos reflexivos, com prefixos e pronomes do sujeito do alemão.

Classificando Verbos

Uma maneira de lembrar de várias conjugações verbais é saber em qual categoria específica o verbo se encaixa. Aqui estão as cinco possíveis categorias, junto às características dos verbos em cada:

>> **Verbos regulares:** Não têm mudança na raiz (infinitivo menos o final **-en**), e suas terminações são **-e, -st, -t, -en, -t, -en** e **-en**.

>> **Verbos com alterações ortográficas:** Esses verbos têm mudanças na escrita do radical; suas terminações são as mesmas que as dos verbos regulares, com algumas exceções.

>> **Verbos irregulares:** Têm um padrão irregular de conjugação. Os dois mais comuns são **haben** (*ter*) e **sein** (*ser*).

>> **Verbos reflexivos:** Este grupo de verbos tem duas partes — o verbo e um pronome reflexivo.

>> **Verbos prefixos:** Têm um prefixo que muda o significado do verbo original. Os três tipos de verbos prefixos são verbos com prefixos separáveis, inseparáveis e duplos.

Selecionando Pronomes Subjetivos

Você usa *pronomes subjetivos* — **ich** (*eu*), **du** (*você*), **er** (*ele*), **sie** (*ela*), **es** (*isto*), e assim por diante — para expressar quem ou o que realiza a ação ou ideia de um verbo. Eles se referem ao substantivo sem nomeá-lo. (Para saber mais sobre pronomes, confira os Capítulos 1 e 2.) A Tabela 3–1 mostra um desmembramento dos pronomes subjetivos em alemão e português.

TABELA 3–1   ## Pronomes Subjetivos

Pessoa	Singular	Plural
Primeira	**ich** (*eu*)	**wir** (*nós*)
Segunda (informal)	**du** (*você*)	**ihr** (*vocês*)
Terceira	**er** (*ele, isto*) **sie** (*ela, isto*) **es** (*isto*)	**sie** (*eles*)

Alemão Essencial Para Leigos

Segunda (formal)	**Sie** (*você;* tanto no singular quanto no plural)

Eis uma visão mais detalhada das três pessoas:

» **Primeira pessoa:** Aquela(s) falando — **ich** (*eu*) ou **wir** (*nós*).

» **Segunda pessoa:** *A quem* se fala — **du, ihr, Sie**. Todas as três significam *você*; **du** é a forma singular informal, que você usaria com um amigo; **ihr** é o plural informal, que usaria com um grupo de amigos; e **Sie** é formal, singular e plural, para usar com pessoas que você não chama pelo primeiro nome.

» **Terceira pessoa:** *Sobre* quem ou o que se fala*:* **er** (*ele, isto*), **sie** (*ela, isto*) ou **es** (*isto*); **sie** (*eles, elas*). Se estiver falando sobre um objeto inanimado (*isto*), a escolha entre **er**, **sie** e **es** depende do gênero do substantivo. Explico como determinar o gênero de um substantivo no Capítulo 2.

Dirigindo-se a alguém formal ou informalmente

Use **Sie**, que tem sempre a inicial maiúscula, para falar com uma ou mais pessoas com quem você tenha um relacionamento mais distante e formal. **Sie** é adequado nas seguintes situações:

» Quando você não tem certeza se o correto é **du/ihr** ou **Sie**.

» Quando não trata alguém pelo primeiro nome (por exemplo, ao usar Herr Kuhnagel ou Frau Zitzelsberger, e não Sigmund ou Hildegard).

» Quando fala com adultos que não conhece bem.

» Em negociações ou no seu local de trabalho.

» Em situações públicas com uma pessoa usando uniforme (policial, agente no aeroporto e outros indivíduos similares).

Use **du** ao falar com uma pessoa (ou animal) de maneira informal, e use **ihr**, o plural de **du**, para se dirigir a mais de uma pessoa (ou animal) informalmente. Um pronome informal é adequado nestas situações:

> » Quando um falante de alemão o convida a usar **du**.
> » Para falar com um parente ou amigo próximo.
> » Para dirigir-se a crianças e adolescentes até 16 anos.
> » Quando fala com animais de estimação.

DICA

Você pode ouvir **du** entre colegas de trabalho próximos, estudantes, membros de um time esportivo ou pessoas caminhando em montanhas, mas a não ser que alguém lhe pergunte: **Wollen wir uns duzen?** (*Vamos usar du um com o outro?*), tente usar **Sie**.

Desvendando sie, sie e Sie

Dedique um momento para certificar-se de que você sabe como desenrolar o trio emaranhado de pronomes subjetivos. Veja a Tabela 3-1 e encontre os Três Mosqueteiros, **sie** (*ela*), **sie** (*eles, elas*) e **Sie** (*você*), espreitando em suas caixas separadas. Eis o que observar:

> » **Conjugação:** Quando **sie** significa *ela*, sua forma verbal é distinta; no tempo presente, o verbo conjugado normalmente termina em **-t**. Quando **sie/Sie** significa *eles/elas* ou *você*, o verbo no tempo presente termina em **-en**.
>
> » **Inicial maiúscula:** As formas *eles/elas* e *você* de **sie/Sie** têm conjugações idênticas, mas só a versão *você*, que é formal, tem inicial maiúscula.

Os exemplos a seguir lhe mostram como descobrir qual e quando usar:

Wo wohnt sie? (*Onde ela mora?*) O verbo está na forma da terceira pessoa do singular.

Wo wohnen sie? (*Onde eles moram?*) O verbo está na forma da terceira pessoa do plural e **sie** não tem inicial maiúscula.

Wo wohnen Sie? (*Onde o/a senhor/a mora?*) O verbo está na forma da segunda pessoa do plural (que é idêntica à forma da terceira do plural) e **Sie** tem inicial maiúscula.

Expressando-se no Tempo Presente

A maioria dos verbos em alemão é *regular* no tempo presente, ou seja, segue um padrão de conjugação. Outros seguem um padrão de conjugação irregular, e alguns exigem que você mude a escrita do verbo. E então você tem os verbos reflexivos e os verbos prefixos. As seções seguintes explicam como trabalhar com os vários tipos de verbo para que diga qualquer coisa que quiser no tempo mais versátil do alemão, o presente.

Observando verbos regulares

Para conjugar um verbo regular no presente, você pega a raiz — que é quase sempre o resultado da extração de **-en** da forma *infinitiva* (ou ainda não conjugada) do verbo — e adiciona a terminação adequada. As terminações são **-e**, **-st**, **-t**, **-en**, **-t**, **-en** e **-en**.

A tabela de verbos a seguir mostra como conjugar o verbo **kommen** (*vir*). Simplesmente adicionei as terminações do presente, marcadas em negrito, à raiz **komm-**.

kommen (*vir*)	
ich komm**e**	wir komm**en**
du komm**st** er/sie/es komm**t**	ihr komm**t** sie komm**en**
Sie komm**en**	
Er **kommt** aus Irland. (*Ele vem da Irlanda.*)	

LEMBRE-SE

Se a raiz do verbo termina em **-d** ou **-t**, coloque um **e** na frente das terminações verbais **-st** e **-t**. A tabela a seguir mostra como conjugar um verbo regular como **arbeiten** (*trabalhar*) no presente. As terminações estão marcadas em negrito.

arbeiten (trabalhar)	
ich arbeit**e**	wir arbeit**en**
du arbeit**est**	ihr arbeit**et**
er/sie/es arbeit**et**	sie arbeit**en**
Sie arbeit**en**	
Du **arbeitest** sehr schnell. (*Você trabalha muito rápido.*)	

LEMBRE-SE

Com alguns verbos que não têm uma terminação no infinitivo, **-en**, especialmente **wandern** (*caminhar*) e **tun** (*fazer*), retire o **-n** do infinitivo e adicione apenas **-n** às seguintes:

- » Primeira pessoa do plural: **wir wandern** (*nós caminhamos*) e **wir tun** (*nós fazemos*).
- » Terceira pessoa do plural: **sie wandern** (*eles[as] caminham*) e **sie tun** (*eles[as] fazem*).
- » Formal da segunda pessoa do singular e do plural: **Sie wandern** (o[a] senhor[a] *caminha[m]*) e **Sie tun** (os[as] senhores [as] *fazem*).

A seguir estão outros verbos comuns do alemão que são conjugados de acordo com as regras anteriores do presente. Alguns verbos da lista a seguir são irregulares em outros tempos verbais, mesmo seguindo as regras regulares do presente. Esses verbos têm a informação *irregular* ou *misto* entre parênteses depois do verbo.

- » **arbeiten** (*trabalhar*)
- » **kosten** (*custar*) (irregular)
- » **bringen** (*trazer*)
- » **lernen** *(aprender)*
- » **finden** (*encontrar, ter uma opinião*) (misto)
- » **reisen** *(viajar)*
- » **gehen** (*ir, andar*) (irregular)
- » **sagen** *(dizer)*
- » **heißen** (*ser chamado, nomeado*) (irregular)

- **schreiben** (*escrever*)
- **kaufen** (*comprar*) (irregular)
- **spielen** (*jogar [um jogo, cartas]*)
- **kennen** (*conhecer [uma pessoa]*)
- **wandern** (*caminhar, vagar*)
- **kommen** (*vir*)
- **wohnen** (*morar*)

Lembrando de verbos com alterações ortográficas

Certos verbos têm mudanças na escrita. São tecnicamente classificados como verbos com mudanças na vogal da raiz, porque a(s) vogal(is) na raiz muda(m) quando você conjuga o verbo. (A raiz é a parte do infinitivo que sobra depois que se corta a terminação **-en**: **Sprechen** [*falar*] é o infinitivo, e **sprech-**, a raiz.)

LEMBRE-SE

As mudanças na vogal da raiz ocorrem nas formas **du** e **er/sie/es** (e em um tipo de verbo, na forma **ich**).

As tabelas a seguir mostram os cinco tipos de mudanças na vogal da raiz, junto às adicionais nos grupos **nehmen** (*pegar*) e **wissen** (*saber*). Nestas tabelas, somente as formas do verbo com mudança na vogal da raiz estão em negrito.

fahren (*dirigir*): a→ä	
ich fahre	wir fahren
du **fährst**	ihr fahrt
er/sie/es **fährt**	sie fahren
Sie fahren	
Du **fährst** sehr vorsichtig. (*Você dirige com muito cuidado.*)	

Outros verbos **a**→ä incluem **backen** (*assar*), **fallen** (*cair*), **gefallen** (*gostar*), **halten** (*parar, pensar sobre*), **schlafen** (*dormir*), **tragen** (*carregar, vestir*), **waschen** (*lavar*). Um grupo muito pequeno tem uma leve mudança na vogal da raiz: **au**→äu. Este grupo inclui **laufen** (*correr*).

CAPÍTULO 3 **Lidando com o Presente** 43

sprechen (*falar*): e→i	
ich spreche	wir sprechen
du **sprichst**	ihr sprecht
er/sie/es **spricht**	sie sprechen
Sie sprechen	
Adrienne **spricht** fließend Englisch, Deutsch, und Französisch. (*Adrienne fala inglês, alemão e francês fluentes.*)	

Aqui estão outros verbos **e→i**: **essen** (*comer*), **geben** (*dar*), **helfen** (*ajudar*), **vergessen** (*esquecer*).

lesen (*ler*): e→ie	
ich lese	wir lesen
du **liest**	ihr lest
er/sie/es **liest**	sie lesen
Sie lesen	
Das Kind **liest** schon Romane. (*A criança já lê romances.*)	

Sehen (*ver*) também é um verbo **e→ie**.

nehmen (*pegar*): e→i, hm→mm	
ich nehme	wir nehmen
du **nimmst**	ihr nehmt
er/sie/es **nimmt**	sie nehmen
Sie nehmen	
Du **nimmst** zu viele Kekse! (*Você está pegando biscoitos demais!*)	

wissen (*saber*): i→ei	
ich **weiß**	wir wissen
du **weißt**	ihr wisst
er/sie/es **weiß**	sie wissen
Sie wissen	
Weißt du, wer das ist? (*Você sabe quem é aquele?*)	

Lidando com os irregulares

Os dois verbos comuns **haben** (*ter*) e **sein** (*ser*) são irregulares. As seções seguintes mostram o básico necessário para usar esses verbos no presente.

Haben: Deixe-me ter isso

Veja a conjugação de **haben** no presente. Note que o verbo realmente só tem duas formas irregulares: **du hast** e **er/sie/es hat**.

haben (*ter*)	
ich **habe**	wir **haben**
du **hast**	ihr **habt**
er/sie/es **hat**	sie **haben**
Sie **haben**	
Sie **hat** eine grosse Familie. (*Ela tem uma família grande.*)	

O alemão tem muitas expressões que envolvem o verbo *ter*. Alguns usos comuns de **haben** são:

» **Expressar gostos com haben e com o advérbio gern: Gern** significa *alegremente, com prazer*, quando o utiliza sozinho. **Hast du klassische Musik gern?** (*Você gosta de música clássica?*)

» **Falar sobre seu aniversário:** Você diz, **Ich habe am achten Oktober Geburtstag.** (*Meu aniversário é dia oito de outubro.*)

» **Com expressões que descrevem uma condição física, emocional ou estado de espírito:** Cinco expressões comuns são **Angst haben** (*ter medo*), **Durst haben** (*ter sede*), **Glück haben** (*ter sorte, ser sortudo*), **Hunger haben** (*ter fome*) e **Recht haben** (*ter razão*):

Ich habe Angst vor Haifische. (*Eu tenho medo de tubarões.*)
Haben Sie Durst? (*Você está com sede?*)
Du hast viel Glück. (*Você tem muita sorte.*)
Wir haben keinen Hunger. (*Não estamos com fome.*)
Der Lehrer hat Recht. (*O professor tem razão.*)

Sein: Ser ou não ser

Veja a conjugação de **sein** (*ser*) no presente. Note que todas as formas são irregulares, embora **wir sind**, **sie sind** e **Sie sind** sejam idênticas.

sein (*ser*)	
ich **bin**	wir **sind**
du **bist**	ihr **seid**
er/sie/es **ist**	sie **sind**
Sie **sind**	
Sind Sie Herr Rasch? (*Você é o Sr. Rasch?*)	

O alemão usa o verbo **sein** (*ser*) de várias maneiras. Eis como você pode usar **sein**:

>> **Com um adjetivo:** Este é o jeito mais comum:

Du bist sehr lustig. (*Você é muito engraçado.*)

Mein Sohn ist nicht musikalisch. (*Meu filho não é musical.*)

>> **Com um adjetivo mais um substantivo ou pronome no caso dativo:** Algumas expressões comuns são:

Mir ist kalt/warm. (*Estou com frio/calor.*) **Mir** está no caso dativo do pronome **ich.**

Ihm ist schlecht/übel. (*Ele está com o estômago ruim.*) **Ihm** é o caso dativo do pronome **er.**

>> **Com um advérbio:**

Wir sind morgen nicht hier. (*Não estaremos aqui amanhã.*)

Sie ist dort. (*Ela está lá.*)

>> **Com substantivos:**

Sind Sie Kanadier? (*Você é canadense?*)

Ich bin Bauingenieur. (*Eu sou engenheiro civil.*)

Espelhando com verbos reflexivos

Verbos reflexivos têm um sujeito que realiza uma ação direcionada a ele mesmo. Um verbo reflexivo do alemão tem dois elementos: o

46   Alemão Essencial Para Leigos

verbo e seu pronome reflexivo acompanhante. O alemão tem dois casos de pronomes reflexivos: acusativo e dativo.

A Tabela 3–2 mostra os pronomes reflexivos junto com suas traduções. Os pronomes nominativos correspondentes estão na coluna da esquerda. Eis a legenda para as abreviações: s. = singular, pl. = plural, inf. = informal, e form. = formal.

TABELA 3–2   Pronomes Reflexivos

Nominativo (nom.) Pronomes para Referência	Acusativo (ac.)	Dativo (dat.)
ich (*eu*)	**mich** (*eu mesmo*)	**mir** (*eu mesmo*)
du (*você*) (s.; inf.)	**dich** (*você mesmo*)	**dir** (*você mesmo*)
er/sie/es (*ele/ela/isto*)	**sich** (*ele mesmo/ela mesma/ele[a] mesmo[a]*)	**sich** (*ele mesmo/ela mesma/ele[a] mesmo[a]*)
wir (*nós*)	**uns** (*nós mesmos*)	**uns** (*nós mesmos*)
ihr (*vocês*) (pl.; inf.)	**euch** (*vocês mesmos*)	**euch** (*vocês mesmos*)
sie (*ele[a]s*)	**sich** (*ele[a]s mesmo[a]s*)	**sich** (*ele[a]s mesmo[a]s*)
Sie (*você[s]*) (s. ou pl.; form.)	**sich** (*você mesmo ou vocês mesmos*)	**sich** (*você mesmo ou vocês mesmos*)

LEMBRE-SE

Os verbos que usam um pronome reflexivo dativo aparecem em frases que têm um objeto direto separado; os verbos que usam um pronome reflexivo dativo não têm objeto direto separado na frase. Confira os exemplos a seguir:

Ich fühle mich viel besser. (*Sinto-me/Estou me sentindo muito melhor.*) **Mich** (*eu mesmo*) é a forma acusativa do pronome reflexivo; é o objeto direto que se refere ao sujeito realizando a ação do verbo **fühlen**.

Ich ziehe mir eine Jeans an. (*Eu visto/Estou vestindo uma calça jeans.*) **Mir** é a forma dativa do pronome reflexivo; **eine Jeans** é o objeto direto (caso acusativo) na frase.

LEMBRE-SE

A ordem das palavras tem um papel importante na construção de frases com pronomes reflexivos. Lembre-se destes pontos importantes:

» Em uma afirmação, o pronome reflexivo segue imediatamente o verbo conjugado; **sich** vem logo depois de **freuen** neste exemplo: **Die Touristen freuen sich auf die Reise.** (*Os turistas mal podem esperar pela viagem.*)

> » Em uma pergunta, se o sujeito é um pronome (**ihr** [*você*]),
> então você coloca o pronome reflexivo (**euch** [*você*])
> diretamente depois dele. Por exemplo: **Erkältet ihr euch oft?**
> (*Você fica gripado com frequência?*)

Em alemão, você encontra frequentemente o reflexivo em referências a partes do corpo. Esses verbos muitas vezes descrevem o que você faz a si mesmo quando está no banheiro. Por exemplo, barbear (**sich rasieren** [*barbear-se*]) é um verbo reflexivo.

A Tabela 3–3 lista alguns verbos reflexivos, muitos dos quais têm a ver com a rotina diária, especialmente de higiene pessoal.

TABELA 3-3 ## Verbos Reflexivos: A Rotina Diária

Expressão Alemã	Equivalente em Português
sich anziehen (acu.)	*vestir-se*
sich (das Hemd) anziehen (dat.)	*vestir (uma camiseta)*
sich beeilen (acu.)	*apressar-se*
sich duschen (acu.)	*tomar um banho*
sich freuen auf (den Tag) (acu.)	*ficar ansioso (pelo dia)*
sich die Zähne putzen (dat.)	*escovar os dentes*
sich rasieren (acu.)	*depilar-se*
sich (das Gesicht) rasieren (dat.)	*barbear-se*
sich die Haare waschen (dat.)	*lavar(o cabelo)*
sich die Hände waschen (dat.)	*lavar (as mãos)*

Classificando os prefixos

Em alemão, verbos compostos de duas palavras são chamados de *verbos de duas partes* ou *verbos frasais*. Seus equivalentes em alemão são chamados de verbos com *prefixos separáveis* e *inseparáveis*. O *prefixo* do alemão pode ficar no lugar de uma preposição ou de um advérbio. O prefixo altera o significado do verbo original, às vezes apenas de leve, às vezes radicalmente.

As seções seguintes mostram como usar os três tipos de verbos prefixos no presente: prefixos separáveis, prefixos inseparáveis e prefixos duplos.

Simplificando os verbos com prefixos separáveis

O verbo e o prefixo podem ser separados nos *verbos com prefixos separáveis*. Esse grupo de verbos é o maior porque tem o maior número de prefixos, bem como o maior de verbos que se conectam a eles.

LEMBRE-SE

Com verbos com prefixos separáveis no tempo presente, lembre-se dos dois pontos a seguir:

» O prefixo — como **fest-**, em **festhalten** (*segurar*), — vai para o final da frase. No alemão falado, você dá ênfase ao prefixo.

» O verbo em si, que é a parte que se conjuga, geralmente fica em segundo lugar na frase, como em **Ich halte mich fest**. (*Estou me segurando com força.*)

A Tabela 3-4 mostra prefixos separáveis, seus significados em português e um ou dois verbos que usam o prefixo. Esses verbos são bem comuns, então você provavelmente verá muitos deles.

TABELA 3-4 Prefixos Separáveis e Combinações de Verbos

Prefixo	Definição em Português	Exemplo de Verbo	Equivalente em Português
ab-	de	**abbrechen**	*partir, parar*
		abschaffen	*abolir*
an-	em, para, sobre	**anfangen**	*começar*
		anrufen	*telefonar*
auf-	sobre, no, em cima	**aufgeben**	*desistir, despachar (malas)*
aus-	desde, a partir de	**ausbilden**	*treinar, educar*
		ausfallen	*cancelar, cair (cabelo)*
bei-	com, junto a	**beitreten**	*juntar-se, entrar em (um pacto)*
da-	lá	**dableiben**	*ficar para trás*

(continua)

(continuação)

ein-	em, dentro, para baixo	einkaufen	fazer compras, comprar
		einladen	convidar
entgegen-	contra, em direção a	entgegenkommen	aproximar, acomodar
fest-	fixo	festhalten	segurar-se, manter-se
fort-	adiante, longe de	fortbilden	continuar a educação
		fortführen	seguir, continuar
gegenüber-	em frente a	gegenüberstehen	estar oposto a, encarar
gleich-	igual	gleichstellen	tratar como igual
her-	de, aqui	herstellen	fabricar, estabelecer
hin-	para, em direção a, lá	hinfahren	dirigir até, ir lá
hinzu-	além disso	hinzufügen	adicionar (detalhes), anexar
kennen-	saber	kennenlernen	conhecer, encontrar
los-	começar, longe de	losbrechen	interromper
		losfahren	partir
mit-	junto a, com	mitarbeiten	colaborar
		mitteilen	informar (alguém)
nach-	depois, copiar	nachahmen	imitar
statt	sem equivalência	stattfinden	ocorrer (evento)
vor-	antes	vorbereiten	preparar
weg-	longe de, fora	wegbleiben	ficar longe
zu-	fechar, para, em	zulassen	autorizar, licenciar
zurück-	de volta	zurückzahlen	pagar de volta
zusammen-	junto	zusammenarbeiten	trabalhar junto

50 Alemão Essencial Para Leigos

Investigando os prefixos inseparáveis

O verbo e o prefixo ficam juntos em *verbos com prefixos inseparáveis*. A boa notícia é que muitos desses verbos são comuns do alemão.

LEMBRE-SE

Os pontos a seguir definem verbos com prefixos inseparáveis:

» Você não enfatiza o prefixo no alemão falado.

» O prefixo altera o significado original do verbo.

» O prefixo fica com a raiz verbal em todos os tempos.

Veja estas frases de exemplo:

Ich verspreche dir einen Rosengarten. (*Prometo a você um jardim de rosas.*) O verbo é **versprechen** (*prometer*).

Verfahren sich viele Touristen in der Stadt? (*Muitos turistas se perdem na cidade?*) O verbo **verfahren** significa *perder-se*. Em perguntas de sim/não, o verbo fica no início da pergunta.

A Tabela 3–5 lista prefixos inseparáveis, seus significados em português e um ou dois verbos que o utilizam.

TABELA 3-5 Prefixos Inseparáveis e Combinações Verbais

Prefixo	Definição em Português	Exemplo de Verbo	Equivalente em Português
be-	*estar*	**sich befinden** (reflexivo)	*estar localizado*
		bekommen	*perceber*
emp-	*sem equivalência*	**empfehlen**	*recomendar*
		empfinden	*sentir*
ent-	*des*	**entbehren**	*viver sem*
		entdecken	*descobrir*
er-	*às vezes sem equivalência, às vezes similar ao prefixo re- ou ao significado de fatal*	**erklären**	*explicar, declarar*
		ertrinken	*afogar*

(continua)

(continuação)

ge-	sem equivalência	gebrauchen	usar
		gefallen	gostar
miss-	similar a "mal, mau"	missbrauchen	mau uso, abuso
		missverstehen	entender mal
ver-	sem equivalência	verbieten	proibir
		vergessen	esquecer
ver-	dar errado	sich verfahren (reflexivo)	perder-se
ver-	longe, perder	verlassen	deixar, abandonar
ver-	sem equivalência	vergrößern	aumentar
		versprechen	prometer
voll-	completar	vollenden	completar, finalizar
zer-	(arruinar) completamente	zerbrechen	estilhaçar
		zerstören	destruir

Lidando com prefixos duplos

Os *verbos com prefixos duplos* são caracterizados por ter um prefixo que pode se combinar para fazer tanto um verbo de prefixo separável quanto um de inseparável. A lista desses prefixos é curta.

LEMBRE-SE

Siga estas orientações para se lembrar dos verbos de prefixo duplo:

» Alguns prefixos duplos são essencialmente separáveis e outros, essencialmente inseparáveis. Por exemplo, **um-** é um prefixo essencialmente separável e **über-**, fundamentalmente inseparável.

» Alguns prefixos duplos são separáveis e inseparáveis. O verbo em seu significado literal tem um prefixo separável, como com **Die Fähre setzt uns ans andere Ufer über** (*A balsa está nos levando para o outro lado*).

O verbo em seu significado figurado tem um prefixo inseparável, como em **Sie übersetzt sehr schnell** (*Ela traduz com muita rapidez*).

A Tabela 3–6 é uma lista de verbos com prefixos duplos indicando se são separáveis ou inseparáveis, e os equivalentes em português.

TABELA 3–6 **Prefixos Duplos e Combinações Verbais**

Prefixo	Definição em Português	Verbo de Exemplo	Equivalente em Português
durch- (normalmente sep.)	*através*	**durchbringen** (sep.)	*atravessar*
		durchfahren (sep.)	*dirigir através*
hinter-	*atrás*	**hinterlassen** (sep.)	*deixar alguém para trás*
		hinterlassen (insep.)	*deixar, legar*
über- (normalmente insep.)	*sobre, através*	**übernachten** (insep.)	*pernoitar*
		übersetzen (insep.)	*traduzir*
		übersetzen (sep.)	*atravessar de balsa*
um- (normalmente sep.)	*ao redor*	**umsteigen** (sep.)	*baldear (trens)*
		umziehen (sep.)	*mudar (de casa), trocar (de roupa)*
unter-	*embaixo, sob*	**unterbrechen** (insep.)	*interromper, desconectar*
		untergehen (sep.)	*afundar, descer*
wider- (normalmente insep.)	*contra (similar ao prefixo re-)*	**widerrufen** (insep.)	*recall (de produto)*
		widersprechen (insep.)	*contradizer*
wieder-	*novamente*	**wiederholen** (sep.)	*reproduzir*
		wiederholen (insep.)	*repetir*

CAPÍTULO 3 **Lidando com o Presente** 53

NESTE CAPÍTULO

Descobrindo por que você deveria se preocupar com os verbos auxiliares modais

Entendendo como formar e usar adequadamente cada verbo

Capítulo 4

Modalizando com Verbos Auxiliares

Você encontra os seis *verbos auxiliares modais* do alemão em várias situações — na verdade, você não poderia querer, gostar ou ser capaz de fazer algo sem eles —, então é extremamente útil que saiba como usá-los na linguagem típica do dia a dia. Neste capítulo, mostro como colocar verbos auxiliares modais em frases para expressar seus pensamentos. Você descobre como esses verbos interagem com outros em uma frase, assim como as situações em que utiliza modais sem adicionar outro verbo.

Um Manual sobre Verbos Auxiliares Modais

Verbos auxiliares modais são a maneira pela qual você transmite sua atitude ou como se sente em relação a uma ação. Eles normalmente acompanham outro verbo, e é por isso que podem ser descritos como auxiliares. Geralmente aparecem em segundo lugar na frase. Os verbos que auxiliam costumam aparecer no fim da oração. Perguntas seguem uma ordem de palavras levemente diferente (invertida) se são o tipo de perguntas que podem ser respondidas com *sim, não* ou *talvez*. (Veja o Capítulo 6 para saber mais sobre como formar perguntas.)

A Tabela 4-1 mostra os verbos auxiliares modais do alemão no infinitivo e suas traduções em português. Mostra também um exemplo em alemão na forma de uma afirmação usando o auxiliar modal (em negrito) e seu equivalente em português. Veja as várias maneiras de modificar a frase **Ich lerne Deutsch** (*Eu aprendo alemão*) com os auxiliares modais. Note que o verbo auxiliar modal está em segundo lugar na frase, e o verbo principal é enviado para o final.

TABELA 4-1   **Verbos Auxiliares Modais do Alemão**

Verbo Auxiliar Modal do Alemão	Tradução	Exemplo	Equivalente em Português
dürfen	*poder, ter permissão*	Ich **darf** Deutsch lernen.	*Eu posso/tenho permissão para aprender alemão.*
können	*conseguir, ser capaz de*	Ich **kann** Deutsch lernen.	*Eu consigo/sou capaz de aprender alemão.*
mögen	*gostar de*	Ich **mag** Deutsch lernen.	*Eu gosto de aprender alemão.*
möchten (a form of mögen)	*gostaria de*	Ich **möchte** Deutsch lernen.	*Eu gostaria de aprender alemão.*
müssen	*dever, ter que*	Ich **muss** Deutsch lernen.	*Eu devo/tenho que aprender alemão.*
sollen	*deveria*	Ich **soll** Deutsch lernen.	*Eu deveria aprender alemão.*
wollen	*querer*	Ich **will** Deutsch lernen.	*Eu quero aprender alemão.*

Todos esses verbos têm terminações regulares em suas formas plurais (**wir**, **ihr**, **sie** e **Sie**). As formas conjugadas desses auxiliares modais são singulares: as formas **ich** e **er/sie/es** são idênticas. Ou seja, o **ich** (primeira pessoa do singular) não recebe uma terminação -**e** e **er/sie/es** (terceira pessoa do singular) não recebe uma terminação -**t** ou -**et**, como a maioria dos outros verbos normalmente recebem.

DIFERENÇAS

Em português, quando uma frase tem um verbo auxiliar, normalmente tem outro verbo; o segundo é descrito como o *verbo principal*. Em alemão, no entanto, o verbo auxiliar modal pode ter apenas um verbo. O verdadeiro vigarista é o verbo **mögen**, que frequentemente fica sozinho e, em menor medida, sua forma subjuntiva **möchten.**

Dando Permissão com Dürfen

Geralmente, o alemão e o português usam **dürfen** (*poder, ter permissão, receber permissão para*) de maneiras bem similares: para pedir ou dar permissão e para afirmar que algo é (ou não) permitido. Por exemplo, as regras da estrada permitem que você faça algo (ou não) — você pode preceder com cautela em um sinal de preferencial, mas não tem permissão de cruzar a faixa amarela dupla. As seções seguintes mostram como conjugar **dürfen** e usá-lo adequadamente em frases.

Formando o verbo

Veja a conjugação de **dürfen**. Ele é irregular nas formas singulares: **ich**, **du** e **er/sie/es.** Na tabela, as formas irregulares estão em negrito e as regulares mostram as terminações em negrito.

dürfen (*poder, ter permissão, receber permissão para*)	
ich **darf**	wir dürf**en**
du **darfst**	ihr dürf**t**
er/sie/es **darf**	sie dürf**en**
Sie dürf**en**	
Dürfen wir hier parken? (*Nós podemos estacionar aqui?*)	

CAPÍTULO 4 **Modalizando com Verbos Auxiliares** 57

Usando o verbo

A Tabela 4-2 lista quatro expressões idiomáticas com **dürfen** comumente usadas, seguidas por um exemplo de frase em alemão e o equivalente em português. Você escuta essas expressões frequentemente em conversas educadas entre pessoas que não se conhecem bem.

TABELA 4-2 Usos de Dürfen em Conversas Educadas

Situação	Exemplo	Equivalente em Português
para perguntar se um cliente precisa de ajuda	Was **darf** es sein?	*Posso ajudá-lo?*
para fazer sinal a alguém para lhe pedir um favor, como abrir a porta	**Darf** ich Sie bitten?	*Posso incomodá-lo?*
para dizer que você gostaria de apresentar duas pessoas	**Darf** ich Ihnen Frau Feuerstein vorstellen?	*Posso apresentá-lo à Sra. Feuerstein?*
para explicar que algo não é permitido	Das Obst **dürfen** Sie nicht anfassen.	*Você não pode/não deve tocar na fruta.*

DIFERENÇAS

O alemão às vezes usa a forma impessoal **man** (*o, lhe, você*) com **dürfen**; em português, você simplesmente diz *é proibido estacionar/passar/parar aqui*.

DIFERENÇAS

O português usa *pode* para expressar possibilidade, mas **dürfen** não tem esse significado. Em seu lugar, você usa **vielleicht** (*talvez*) para expressar possibilidade ou chance. Por exemplo, você pode traduzir **Vielleicht komme ich spät nach Hause** como *Eu posso chegar tarde em casa*. No entanto, *Talvez eu chegue tarde em casa* é uma tradução mais próxima. (Para mais informações sobre o presente, veja o Capítulo 3.)

Expressando Habilidade com Können

Como um dos jogadores no banco de reserva de auxiliares modais, **können** (*poder, ser capaz de, saber como*) é um verdadeiro campeão. Em geral, o alemão e o português usam **können** de maneiras similares. O verbo sai para rebater sempre que se precisa expressar o seguinte:

» Você *sabe* ou *não sabe* fazer alguma coisa: **Kannst du Tennis/Tischtennis/Volleyball/Schach/Poker spielen?** (*Você sabe jogar tênis/tênis de mesa/voleibol/xadrez/pôquer?*)

» Você *sabe* ou *não sabe como* fazer alguma coisa: **Er kann Geige/Klavier/Keyboards/Gitarre/Klarinette/Saxophon spielen.** (*Ele sabe tocar violino/piano/teclado/violão/clarinete/saxofone*). Em alemão, não se usa o artigo definido **der**, **die** ou **das** (o) para falar sobre tocar instrumentos.

» Você pode fazer alguma coisa: **Ich kann bis Mittag schlafen.** (*Eu posso/sou capaz de dormir até o meio-dia.*)

» Você quer pedir ou oferecer ajuda de maneira educada mas direta: **Können Sie mir sagen, wo der Bahnhof/die Straßenbahnhaltestelle/das Hotel Blaue Gans/das Kunstmuseum ist?** *O senhor pode me dizer onde fica a estação de trem/o ponto do bonde/o Hotel Blaue Gans/o museu de arte?*)

DICA

Note a vírgula depois da primeira cláusula. Em alemão, você precisa dessa vírgula para separar a oração subordinada (**... wo der Bahnhof ist?**) da oração principal (**Können Sie mir sagen...**). Orações subordinadas frequentemente começam com palavras como **wo** (*onde*), **was** (*o que*), **wie viel** (*quanto*), **wer** (*quem*) e **warum** (*por que*). O verbo conjugado na oração subordinada, **ist** (*é*), leva um chute e cai no fim da frase.

Formando o verbo

Eis a conjugação de **können**. É irregular nas formas singulares: **ich**, **du** e **er/sie/es**. As formas irregulares estão em negrito e as regulares exibem as terminações em negrito.

können (*poder, ser capaz de, saber como*)	
ich **kann**	wir könn**en**
du **kannst**	ihr könn**t**
er/sie/es **kann**	sie könn**en**
Sie könn**en**	
Ich **kann** Ihnen mit ihrem Gepäck helfen. (*Eu posso ajudá-lo com sua bagagem.*)	

CAPÍTULO 4 **Modalizando com Verbos Auxiliares** 59

Usando o verbo

DIFERENÇAS

Uma grande diferença entre o português e o alemão é que o alemão às vezes descreve o que pode ou não ser feito usando **können**, mas sem um verbo principal.

Normalmente, você escuta as expressões a seguir em conversas casuais. A Tabela 4–3 lista a situação, um exemplo de frase em alemão e seu equivalente em português.

TABELA 4-3   Usos de Können sem um Verbo Principal

Situação	Exemplo	Equivalente em Português
para dizer que alguém sabe falar um idioma	Meine Frau **kann** sehr gut Französisch.	*Minha esposa sabe falar francês muito bem.*
para dizer que você desiste de tentar	Ich **kann nicht** weiter. Es ist zu schwer.	*Eu não posso continuar. É difícil demais.*
para explicar que você não consegue evitar	Ich **kann nichts** dafür. Es schmeckt so gut!	*Eu não posso evitar. Tem um gosto tão bom! (desculpando-se por pegar um terceiro pedaço do bolo de chocolate)*
para exclamar que você consegue fazer alguma coisa	Das **kann** ich wohl!	*É claro que consigo fazer isso!*

Várias expressões comuns com **können** são reflexivas (usam um pronome reflexivo *me*, *lhe*, *nos*, e assim por diante, com o verbo) em alemão. (Para mais informações sobre verbos reflexivos, confira o Capítulo 3.) A Tabela 4–4 lista essas expressões comuns, um exemplo de frase em alemão e a tradução em português.

TABELA 4-4   Usos de Können com um Verbo Reflexivo

Situação	Exemplo	Equivalente em Português
para dizer que você (não) consegue decidir	Ich **kann mich** nicht entscheiden.	*Eu não consigo decidir.*
para expressar que você pode se livrar de alguma coisa	Wie **kannst** du **dir** so etwas erlauben?	*Como você consegue se livrar de algo como isso?*

ser (in)capaz de pagar por alguma coisa	Wir **können uns** kein teueres Auto leisten.	Não podemos pagar por um carro caro.
para assegurar que alguém/alguma coisa é confiável	Sie **können sich** auf mich verlassen.	Você pode confiar em mim.

Descrevendo Gostos com Mögen

Quer falar sobre gostos e aversões? **Mögen** é o verbo para você. Considere estas frases: **Magst du kaltes Wetter?** (*Você gosta de tempo frio?*) **Nein, ich mag den Winter überhaupt nicht.** (*Não, eu não gosto nem um pouco do inverno.*) Quer expressar seus sentimentos em relação a alguém? Tente **ich mag dich** (*Eu gosto de você*).

LEMBRE-SE

O verbo **mögen** vem com duplo benefício. Por quê? Porque **mögen** (*gostar, importar-se com*) tem um aliado, **möchten** (*gostaria, gostaria de fazer*), que tem um significado parecido com **mögen**. (Confira a próxima seção para mais sobre **möchten**.)

Formando o verbo

Esta tabela lhe mostra a conjugação de **mögen**. Ela segue o padrão típico de auxiliares modais: formas verbais singulares são irregulares — **ich mag, du magst, er/sie/es mag**. Formas irregulares são mostradas em negrito e as regulares exibem terminações em negrito.

mögen (*gostar, importar-se com*)	
ich **mag**	wir mög**en**
du **magst**	ihr mög**t**
er/sie/es **mag**	sie mög**en**
Sie mög**en**	
Ich **mag** klassische Musik. (*Eu gosto de música clássica.*)	

CAPÍTULO 4 **Modalizando com Verbos Auxiliares** 61

Usando o verbo

A definição principal de **mögen** é de gostar ou não de alguém ou de alguma coisa. Ao falar sobre tais preferências, você normalmente não precisa de um verbo adicional:

> **Magst du diese Sängerin?** (*Você gosta dessa cantora?*)
>
> **Er mag kein Starkbier.** (*Ele não gosta de cerveja forte.*)

Quando você quer expressar que não gosta de alguém ou de alguma coisa, coloca **nicht** no fim da frase quando não há outro verbo:

> **Ihr mögt diese Farbe nicht.** (*Você não gosta desta cor.*)
>
> **Mögen sie Schokoladeneis nicht?** (*Eles não gostam de sorvete de chocolate?*)

LEMBRE-SE

Para dar *energia* a **mögen**, você pode usar várias expressões com **gern** (**gern** é similar a *muito* quando você o adiciona a outras palavras). Organizei a lista na ordem de mais positiva para mais negativa:

» **mögen... besonders gern** (*gostar especialmente*): **Ich mag Bratkartoffeln besonders gern.** (*Eu gosto especialmente de batatas assadas.*)

» **mögen... (sehr) gern** (*gostar [muito]*): **Ich mag Kartoffelklöße (sehr) gern.** (*Eu gosto muito de bolinhos de batata.*)

» **mögen... nicht gern** (*não gostar muito*): **Ich mag Pommes frites nicht gern.** (*Eu não gosto muito de batatas fritas.*)

» **mögen...** überhaupt **nicht gern** (*não gostar nem um pouco*): **Ich mag Salzkartoffeln** überhaupt **nicht gern.** (*Eu não gosto nem um pouco de batatas cozidas.*)

Algumas expressões comuns que usam **mögen:**

» **Das mag sein.** (*Isso poderia ser verdade.*)

» **Ich mag ihn leiden.** (*Eu me preocupo com ele.*) Você também pode deixar o **leiden** de fora sem mudar muito o significado, mas **leiden** enfatiza a emoção de se preocupar.

» **Darin mögen Sie Recht haben.** (*Você está certo.*)

Falando sobre Preferências com Möchten

A vida é cheia de escolhas, e você provavelmente terá opiniões sobre o que prefere. Quando o **Kellner/Kellnerin** (*garçom/garçonete*) em um restaurante alemão pergunta: **"Was möchten Sie?"** (*O que deseja?*), você pode pedir algo para beber primeiro — **"Ich möchte eine Apfelsaftschorle."** (*Eu gostaria de beber um suco de maçã.*) Assim, você tem tempo para examinar o menu de oito páginas e pedir a refeição mais tarde.

Formando o verbo

Veja a conjugação de **möchten**. As terminações verbais estão em negrito.

möchten (*gostaria [de]*)	
ich möcht**e**	wir möcht**en**
du möcht**est**	ihr möcht**et**
er/sie/es möcht**e**	sie möcht**en**
Sie möcht**en**	
Ich **möchte** am Wochenende Rad fahren (*Eu gostaria de pedalar no final de semana.*)	

Usando o verbo

A similaridade importante que **möchten** e **mögen** compartilham, além de seus significados, é que nenhum dos dois precisa de um verbo principal para expressar algo claramente. Por exemplo, ao fazer um pedido em um restaurante, o contexto normalmente indica o que você gostaria. Usando **möchten**, você pode omitir os seguintes verbos principais:

» **essen** (*comer*)

» **trinken** (*beber*)

» **haben** (*ter*)

» **fahren** (*dirigir*)

» **gehen** (*ir, andar*)

Veja as duas frases de exemplo, uma com e uma sem o verbo principal. Supondo que você saiba que foram faladas em um restaurante, o significado da primeira frase, sem verbo principal, é claro:

> **Ich möchte ein Glas Rotwein, bitte.** (*Eu gostaria de uma taça de vinho tinto, por favor.*)

> **Ich möchte ein Glas Rotwein trinken, bitte.** (*Eu gostaria de beber uma taça de vinho tinto, por favor.*) Ou você pode usar **haben** (*ter*) em vez de **trinken**, e você ainda receberia uma taça de vinho tinto.

O alemão frequentemente expressa uma preferência usando **möchten** em combinação com **lieber** (*em vez de*). O diálogo de exemplo mostra **haben** entre parênteses para indicar que ele não é necessário no contexto da situação:

> **Möchten Sie einen Fensterplatz (haben)?** (*Você gostaria de um assento na janela?*)

> **Nein, ich möchte lieber einen Gangplatz (haben).** (*Não, eu gostaria de um assento no corredor.*)

Mostrando Obrigação e Necessidade com Müssen

Müssen tem uma vaga semelhança com *dever*, facilitando compreender os detalhes de como o verbo funciona; ou seja, quando você *tem que* usá-lo, quando é uma *obrigação* e quando *não precisa* lidar com ele. Quando criança, você pode ter escutado algo parecido com isso: "Não, você não precisa terminar seus brócolis gratinados, mas tem que experimentar pelo menos três pedaços." Hoje em dia, você tem obrigações muito mais sérias: "Você deve tirar dez na prova de alemão, tem que cortar a grama" — e esse é só o começo de uma longa lista de coisas que tem que fazer.

As seções a seguir lhe mostram como formar o verbo **müssen** e usá-lo adequadamente.

64   Alemão Essencial Para Leigos

Formando o verbo

Dê uma olhada na conjugação de **müssen**. Como a maioria de seus colegas verbos auxiliares modais, é irregular nas formas singulares: **ich**, **du** e **er/sie/es**. As formas irregulares estão em negrito e as formas regulares mostram as terminações em negrito.

müssen (dever, precisar, ter que)	
ich **muss**	wir müss**en**
du **musst**	ihr müss**t**
er/sie/es **muss**	sie müss**en**
Sie müss**en**	
Er **muss** morgen früh aufstehen. (*Ele tem que levantar cedo amanhã.*)	

Usando o verbo

LEMBRE-SE

A necessidade e a obrigação são os significados centrais de **müssen** tanto no português quanto no alemão, embora falantes de português tendam a usar menos o *dever* e usar mais o *ter que*, porque *dever* soa forte demais. *Temos que fazer isso?* funciona muito bem para transmitir a forte mensagem de obrigação.

DIFERENÇAS

Não se iluda achando que **muss nicht** é igual a *não deve*. Quando você transforma **müssen** em uma expressão negativa, as similaridades do alemão e do português vão por água abaixo. O alemão tem duas expressões para indicar se algo é proibido ou simplesmente não é necessário:

» **nicht dürfen** (*não permitido, não deve*): É um não; proibição forte, como **Du darfst das nicht trinken.** (*Você* não deve *beber isso.*)

» **nicht müssen** (*não necessário, não precisa*): Uma ausência de necessidade ou obrigação, como **Du musst das nicht trinken.** (*Você* não precisa/tem que *beber isso.*)

Dando Conselhos com Sollen

Na vida, existem coisas que você tem que fazer e coisas que espera-se que faça. A maioria de nós prefere as últimas porque são mais fáceis de adiar. Mas perder um tempo valioso das férias para realizar tudo em sua lista é algo que você realmente não deveria fazer. Então a lista de afazeres fica cada vez mais longa até o dia que fortuitamente se perde no lixo.

Quando você quer descrever uma ação que *deve* ou *não deve fazer* ou que *espera-se* ou *não se espera* que faça, **sollen** é o verbo que usa.

Formando o verbo

Confira a conjugação desse verbo auxiliar modal na tabela a seguir. **Sollen** é irregular apenas em dois lugares — nas formas **ich** e **er/sie/es**. As formas irregulares estão em negrito e as regulares mostram as terminações em negrito.

sollen (*deveria, espera-se que você faça*)	
ich **soll**	wir soll**en**
du soll**st**	ihr soll**t**
er/sie/es **soll**	sie soll**en**
Sie soll**en**	
Du **sollst** die Katze füttern. (*Você deveria alimentar o gato.*)	

Usando o verbo

Como falante estrangeiro de alemão, tenha cuidado para não parecer muito vigoroso quando não for necessário. **Sollen** às vezes é descrito como o verbo da obrigação, o que você usa para dar conselhos ou expressar uma obrigação que é uma ação esperada e a coisa certa a se fazer. A versão negativa, **nicht sollen**, expressa o que você não deveria fazer. (O primo **müssen** é o verbo da necessidade e de orientações fortes — veja a seção anterior sobre **müssen**.)

Nem todos os usos de **sollen** expressam um sentido forte de obrigação. O verbo também tem a implicação de que fazer algo é uma boa ideia, especialmente quando é formulado em uma pergunta. O diálogo de exemplo mostra o uso de **sollen** quando você solicita um conselho direto, digamos, de um amigo.

Soll ich in die neue Kunstausstellung gehen? (*Eu deveria ir à nova exposição de arte?*)

Ja, bestimmt. Wir sollen zusammen dorthin gehen. (*Sim, definitivamente. Nós deveríamos ir juntos.*)

Declarando Intenções com Wollen

Não importa o quão grandiosas ou banais possam ser suas vontades, intenções e desejos, você pode expressar todos eles com **wollen** (*querer*), o verbo da intenção.

Formando o verbo

Como alguns outros no grupo de verbos auxiliares modais, **wollen** é irregular nas seguintes formas: **ich**, **du** e **er/sie/es** — as formas singulares. Eis a conjugação do verbo: as formas irregulares estão em negrito e as regulares mostram as terminações em negrito.

wollen (*querer, pretender, desejar*)	
ich **will**	wir woll**en**
du **willst**	ihr woll**t**
er/sie/es **will**	sie woll**en**
Sie woll**en**	
Ich **will** jetzt nach Hause fahren. (*Eu quero dirigir para casa agora.*)	

Usando o verbo

Quando quiser algo de alguém, a maneira mais direta de comunicar isso é usar **wollen.** Se quiser expressar seu desejo de maneira um pouco mais educada, use **möchten** (*gostaria de*). Compare as duas frases de exemplo a seguir. O interlocutor é um convidado na sala de alguém.

Ich will fernsehen. (*Eu quero assistir à TV.*) O convidado está simplesmente afirmando o que quer ou pretende fazer. Não há sinal, direto ou indireto, de pedido.

CAPÍTULO 4 **Modalizando com Verbos Auxiliares** 67

Ich möchte fernsehen. (*Eu gostaria de assistir à TV.*) O convidado soa mais educado ao usar **möchte**. Um pedido provavelmente virá após a pretensão afirmada com a pergunta, como **Haben Sie etwas dagegen?** (*Você se importaria?*).

DICA

As expressões usando **wollen** nas frases a seguir mostram como o significado deste verbo auxiliar modal muda ligeiramente em conjunção com outra palavra ou outras palavras:

> » **wollen... gern + infinitivo:** Enfatiza o desejo. Por exemplo, **Er will gern Musik hören.** (*Ele sente vontade de ouvir música.*) Veja a seção anterior "Descrevendo Gostos com **Mögen**" para mais maneiras de usar **gern**.
>
> » **wollen... unbedingt:** Enfatiza que você realmente quer algo, sem falta, como **Ich will unbedingt nach Australien reisen.** (*Estou morrendo de vontade de viajar para a Austrália.*)
>
> » **wie + sujeito + wollen:** Nota que uma decisão depende de outra pessoa, como **Wie Sie wollen.** (*Você decide.*) O título em alemão de *Como Gostas* de Shakespeare é *Wie Ihr Wollt*.
>
> » **wollen nichts damit zu tun haben:** Nota que o sujeito não quer ser envolvido em algo, como **Ich will nichts damit zu tun haben.** (*Não quero fazer parte disso* ou *Não quero nada a ver com isso.*)

NESTE CAPÍTULO

Colocando as terminações certas nos adjetivos

Descrevendo adjetivos com advérbios

Criando comparações com adjetivos e advérbios

Usando preposições

Capítulo 5
Descrevendo e Conectando Seus Pensamentos

djetivos e advérbios são palavras que descrevem tamanho, forma, cor, estilo, tempo, modo e muito mais. Este capítulo o leva através dos passos que precisa conhecer para formar e usar adjetivos e advérbios para descrever e comparar objetos, pessoas e atividades.

Este capítulo também atualiza as preposições em alemão — palavras que mostram o relacionamento entre seus objetos (substantivos) e outras palavras em frases — e o papel que os casos têm quando os utiliza. Além disso, as preposições permitem que você expresse o lugar em que algo está localizado e a direção em que algo está indo.

Usando Declinações em Adjetivos

Antes que um adjetivo alemão possa ir ao lado de um substantivo, frequentemente precisa de uma terminação que reflita o gênero e o caso do substantivo que modifica. (Falo mais sobre casos no Capítulo 2.) O adjetivo descritivo alemão normalmente vem logo antes do substantivo que descreve: **meine schwarzen Handschuhe** (*minhas luvas pretas*). Claro, o alemão também tem *adjetivos possessivos* — palavras que descrevem propriedade, posse ou relacionamento, como *meu*, *seu*, *dele*, *dela*, e assim por diante.

Nas seções seguintes, mostro como usar declinações em ambos os tipos de adjetivos, quando necessário.

Adjetivos descritivos

O modo como você declina um adjetivo descritivo geralmente depende se ele aparece sozinho antes de um substantivo ou depois de artigos ou modificadores (como *aquele* e *este*). Mostro como usar as declinações adequadas em ambas as situações nas próximas seções.

LEMBRE-SE

Nem todos os adjetivos em todas as frases precisam de atenção especial em relação a declinações especiais. Um adjetivo não tem declinação quando segue os verbos **sein** (*ser*), **werden** (*tornar-se, ficar*) ou **bleiben** (*permanecer*) e modifica o sujeito. Eis dois exemplos:

Das Wetter bleibt warm. (*O clima permanece quente.*)

Die Berge in Bayern sind wunderschön. (*As montanhas na Bavária são lindas.*)

Lidando com declinações em adjetivos autônomos

Quando um adjetivo é *não precedido* (ou seja, é autônomo, sem as palavras **der-** ou **ein-** na frente do substantivo que acompanha), você não precisa adicionar palavras como *o*, *aqueles* ou *nosso* porque descreve algo no geral. Então, quando diz **frische Ananas sind teuer** (*abacaxis frescos são caros*), você só precisa saber que o fim para o adjetivo **frisch** é **-e**. *Nota:* Em frases que têm um artigo ou modificador como *o*, *aqueles* ou *nosso* (como em *aqueles abacaxis frescos*), a declinação do adjetivo é diferente.

LEMBRE-SE

Eis as características que definem adjetivos sem as palavras **der-** ou **ein-** os precedendo:

» Como nenhum artigo ou outro modificador precede o substantivo, o adjetivo deve indicar o gênero e o caso do substantivo; ele tem a função dupla de adjetivo e artigo.

» Esses adjetivos têm, geralmente, as mesmas terminações que palavras **der-**, com exceção do genitivo masculino e neutro, em que a terminação é **-en**.

Os quatro exemplos de adjetivos na Tabela 5–1 mostram terminações em negrito que concordam em caso, número e gênero com o substantivo que modificam. Para referência fácil, você vê a terminação do adjetivo separadamente em negrito com cada exemplo. Adicione essas terminações aos adjetivos que não são precedidos por palavras **der-** ou **ein-**.

TABELA 5-1   Terminações Adjetivas Não Precedidos por Palavras Der- or Ein-

Caso	Masculino	Feminino	Neutro	Plural
Nominativo (sujeito)	**-er** guter Käse (*queijo bom*)	**-e** schmackhafte Wurst (*salsicha saborosa*)	**-es** leckeres Brot (*pão delicioso*)	**-e** köstliche Kuchen (*bolos deliciosos*)
Acusativo (objeto direto)	**-en** guten Käse	**-e** schmackhafte Wurst	**-es** leckeres Brot	**-e** köstliche Kuchen
Dativo (objeto indireto)	**-em** gutem Käse	**-er** schmackhafter Wurst	**-em** leckerem Brot	**-en** köstlichen Kuchen
Genitivo (possessivo)	**-en** guten Käses	**-er** schmackhafter Wurst	**-en** leckeren Brotes	**-er** köstlicher Kuchen

Confira alguns exemplos:

Leckeres Brot findet man überall in deutschen Bäckereien. (*Você pode encontrar pães deliciosos em todas as padarias* *alemãs.*) O adjetivo **lecker** + **-es** (*deliciosos*) descreve o substantivo **(das) Brot** (*pães*); **leckeres Brot** está no caso acusativo porque é objeto direto. A terminação acusativa singular neutra para adjetivos autônomos é **-es**.

Es gibt köstliche Kuchen in österreichischen Cafés. (*Há bolos saborosos em cafeterias austríacas.*) O adjetivo **köstlich** + **-e** descreve o substantivo **(der) Kuchen**, na forma plural. **Köstliche Kuchen** está no acusativo porque é o objeto direto. A declinação acusativa plural para adjetivos autônomos é **-e**.

Declinação de adjetivos que seguem artigos ou modificadores

Quando quer falar de algo específico, como *a pintura moderna*, *aqueles filmes violentos* ou *um restaurante fantástico*, você usa artigos e modificadores como *o*, *aquele* ou *um*. Em alemão, ambos, o artigo/modificador e o adjetivo, precisam refletir o gênero, o número e o caso do substantivo que modificam.

A Tabela 5–2 lida com declinações de um adjetivo que modifica e vai antes de um substantivo que é precedido por um artigo (como **der/die/das** ou **ein/eine**) ou outros modificadores (palavras **der-**, como **dieser** e **solcher**, e palavras **ein-**, como **mein** e **kein**). Adjetivos precedidos aparecem em frases com um artigo ou outro modificador, um adjetivo e um substantivo.

TABELA 5–2 **Declinações de Adjetivo Precedido**

Caso	Masculino	Feminino	Neutro	Plural
Nominativo (sujeito)	**der** lustige Mann	**die** glückliche Frau	**das** brave Kind	**die** braven Kinder
	ein lustig**er** Mann	eine glückliche Frau	ein braves Kind	keine braven Kinder
Acusativo (objeto direto)	**den** lustigen Mann	**die** glückliche Frau	**das** brave Kind	**die** braven Kinder
	ein**en** lustigen Mann	eine glückliche Frau	ein braves Kind	keine braven Kinder

72 Alemão Essencial Para Leigos

Caso	Masculino	Feminino	Neutro	Plural
Dativo (objeto indireto)	**dem** lustigen Mann einem lustigen Mann	**der** glücklichen Frau einer glücklichen Frau	**dem** braven Kind einem braven Kind	**den** braven Kindern keinen braven Kindern
Genitivo (possessivo)	**des** lustigen Mannes eines lustigen Mannes	**der** glücklichen Frau einer glücklichen Frau	**des** braven Kindes eines braven Kindes	**der** braven Kinder keiner braven Kinder

Adjetivos possessivos

Adjetivos possessivos são agrupados a palavras **ein-**, que também incluem **ein** e **kein**. (Eles têm as mesmas declinações, mesmo que não rimem com **ein**.)

Os adjetivos possessivos singulares são **mein** (*meu*), **dein** (*seu*), **sein** (*dele*), **ihr** (*dela*) e **sein** (*dele/dela*). Os adjetivos possessivos plurais são **unser** (*nosso*), **euer** (*seus/suas*), **ihr** (*deles*) e **Ihr** (*seu[s]* — formal; singular e plural).

A Tabela 5–3 mostra declinações de adjetivos possessivos em todos os casos e gêneros. (Este é o mesmo padrão para **ein-** e **kein-** na Tabela 5–2.) A tabela a seguir mostra **mein** e **unser** juntos. Todos os adjetivos possessivos usam as mesmas declinações. As declinações são mostradas separadamente em negrito.

TABELA 5-3   Declinações de Adjetivos Possessivos e Exemplos na Primeira Pessoa

Caso	Masculino	Feminino	Neutro	Plural
Nominativo (sujeito)	**-** mein, unser	**-e** meine, unsere	**-** mein, unser	**-e** meine, unsere
Acusativo (objeto direto)	**-en** meinen, unseren	**-e** meine, unsere	**-** mein, unser	**-e** meine, unsere

(continua)

CAPÍTULO 5 **Descrevendo e Conectando Seus Pensamentos**   73

(continuação)

Caso	Masculino	Feminino	Neutro	Plural
Dativo (objeto indireto)	-em meinem, unserem, unserem	-er meiner, unserer	-em meinem, unserem	-en meinen, unseren
Genitivo (possessivo)	-es meines, unseres	-er meiner, unserer	-es meines, unseres	-er meiner, unserer

Usando Advérbios para Modificar Adjetivos

Advérbios modificam verbos, mas também podem modificar adjetivos. Para expressar que algo ou alguém é *muito bom, especialmente interessante,* ou *realmente motivador,* você usa advérbios que modificam o adjetivo. Esses advérbios frequentemente usados no alemão são **besonders** (*especialmente*), **etwas** (*um pouco*), **relativ** (*relativamente*), **sehr** (*muito*), **viel** (*bastante*), **wirklich** (*absolutamente, realmente*) e **ziemlich** (*bastante*).

DICA

Para usar um advérbio para modificar um adjetivo, só o coloque na frente do adjetivo que ele está modificando e voilà! Se o adjetivo precede o substantivo que modifica, adicione a terminação adequada do adjetivo. Observe os seguintes exemplos:

Der Sommer war etwas wärmer als in vergangenen Jahren.
(*O verão foi um pouco mais quente no ano anterior.*) O advérbio **etwas** modifica o adjetivo **wärmer**, que está na forma comparativa. O adjetivo **wärmer** não precisa de terminação porque não precede o substantivo que modifica, **der Sommer**.

Letztes Jahr hatten wir einen ziemlich langen Winter.
(*Ano passado tivemos um inverno bastante longo.*) O advérbio **ziemlich** modifica o adjetivo **lang: einen ziemlich langen**. *Inverno* é o objeto direto da frase, então os outros modificadores — **einen** e **langen** — têm declinação masculina singular acusativa para refletir **(der) Winter**.

Fazendo Comparações

Quando você faz comparações em alemão, precisa saber quando fazer mudanças na grafia em algumas palavras de comparação, bem como o papel que aquele caso desempenha. Alguns adjetivos e advérbios seguem um padrão regular e outros têm forma irregular. Discuto ambos os tipos nas próximas seções.

Tipos regulares de comparação

Muitos adjetivos e advérbios do alemão seguem um padrão regular para formar palavras de comparação. Contudo, sua forma *comparativa* (usada para comparar dois objetos, pessoas, atividades, ideias, e assim por diante) e sua forma *superlativa* (usada para comparar três ou mais objetos, pessoas, atividades, ideias, e assim por diante) geralmente são diferentes do português.

Comparando duas coisas

Para adjetivos e advérbios, quando quiser comparar duas coisas, pessoas, e assim por diante, pegue a forma base (o adjetivo ou advérbio como você o vê no dicionário) e forme o comparativo adicionando **-er** a ele — por exemplo, **witzig** → **wit- ziger** (divertido→ *mais divertido*). Para expressar *do que* em uma comparação, o equivalente em alemão é **als**.

> **Mein Onkel Richard ist nett, aber meine Tante Christel ist netter als Onkel Richard.** (*Meu tio Richard é agradável, mas minha tia Christel é mais agradável do que o Tio Richard.*)

> **Onkel Richard fährt schnell, aber Tante Christel fährt schneller als Onkel Richard.** (*Tio Richard dirige rápido, mas Tia Christel dirige mais rápido que o Tio Richard.*) **Nota: Schnell** é tanto um adjetivo quanto um advérbio.

Adjetivos terminando em **-el** e **-er** deixam o último **-e** fora da forma base e, então, adicionam **-er** para formar o comparativo: **dunkel** → **dunkler** (*escuro* → *mais escuro*), **teuer** → **teurer** (*caro* → *mais caro*).

LEMBRE-SE

Quando quiser usar um adjetivo comparativo que precede o substantivo, você segue as mesmas orientações dos outros adjetivos que

CAPÍTULO 5 **Descrevendo e Conectando Seus Pensamentos** 75

precedem um substantivo. (Apresento essas orientações na seção anterior, "Lidando com declinações em adjetivos autônomos".) Observe os seguintes exemplos para ver dois cenários diferentes para declinações de adjetivos precedentes:

> **Du hast ein neueres Auto als ich.** (*Você tem um carro mais novo do que o meu.*) O objeto direto, **ein neueres Auto**, está no caso acusativo e é singular. O artigo indefinido **ein** (*um*) não tem terminação no caso acusativo singular. Ele é neutro para refletir o substantivo neutro **(das) Auto**. A forma base do adjetivo **neu** (*novo*) tem a terminação comparativa **-er** + a terminação neutra singular **-es** para formar **neueres (neu + -er + -es)**.

> **Ich habe den kleineren Wagen.** (*Eu tenho o carro menor.*) O objeto direto, **den kleineren Wagen**, está no caso acusativo e é singular. O artigo definido **den**(*o*) tem a declinação acusativa masculina: é masculina para refletir o substantivo masculino **(der) Wagen**. A forma base do adjetivo **klein** (*pequeno*) tem a terminação comparativa **-er** + a terminação acusativa singular masculina **-en** para formar **kleineren (klein + -er + -en)**.

DIFERENÇAS

O alemão não usa **mehr** (*mais*) junto à terminação **-er**. Em português, o adjetivo comparativo se parece com isto: *mais inteligente* ou *mais interessante*. O alemão usa apenas a terminação **-er**: **intelligenter** ou **interessanter**.

Expressando superlativos

A forma superlativa para os advérbios, bem como para os adjetivos que seguem um substantivo em uma frase, é **am** + adjetivo/advérbio+ **-sten**:

> **Dieser Supermarkt ist am billigsten.** (*Este supermercado é o mais barato.*) **Billig** é a forma base do adjetivo e **am billigsten** é o superlativo.

> **Tante Gisela kocht am besten.** (*Tia Gisela cozinha melhor.*) **Gut** é a forma base do advérbio; **am besten** é a forma superlativa.

Um adjetivo superlativo frequentemente precede o substantivo que o modifica, ou seja, precisa refletir gênero, número e caso do substantivo. Você obtém a forma superlativa de tais adjetivos adicionando **-st** à forma base e, então, adicionando a terminação do adjetivo: **höflich** → **höflichst-** + terminação do adjetivo (*educado* → *o mais educado*).

> **Manuela ist die höflichste Kollegin im Büro.** (*Manuela é a colega mais educada do escritório.*) **Höflich** é a forma base do adjetivo; **die höflichst- + -e (Kollegin)** é o caso nominativo singular feminino.

> **Onkel Kalle hat das schönste Haus.** (*Tio Kalle tem a casa mais bonita.*) **Schön** é a forma base do adjetivo; **das schönst- + -e (Haus)** é a forma superlativa que reflete o substantivo acusativo singular neutro **das Haus.**

Você faz a forma superlativa para adjetivos terminando em **-t** ou **-z** (e mais alguns) adicionando **-e + -st = -est** para facilitar na pronúncia: **elegantest-** (*o mais elegante*). Por exemplo, **Du findest die elegantesten Schuhe bei Salamander** (*Você encontra os sapatos mais elegantes na Salamander*). **Elegant** é a forma base do adjetivo; **die elegant- + -est + -en** é a forma superlativa que reflete o substantivo plural acusativo **Schuhe**.

Mostrando comparações comuns

A Tabela 5–4 contém uma lista de alguns adjetivos e advérbios que são frequentemente usados para fazer comparações de pessoas e coisas. A quarta coluna mostra quaisquer diferenças na escrita, como em **nett** → **netter** → **am nettesten**, em que você adiciona o **-e** na frente de **-st**.

TABELA 5–4 **Formas Regulares de Comparações**

Português	Base	Comparativo	Superlativo	Mudanças na Escrita
modesto	**bescheiden**	**bescheidener**	**am bes- heidensten (bescheidenst-)**	
barato	**billig**	**billiger**	**am billigsten (billigst-)**	
escuro	**dunkel**	**dunkler**	**am dunkel- sten (dun- kelst-)**	retire o último **e** no comparativo

(continua)

(continuação)

Português	Base	Comparativo	Superlativo	Mudanças na Escrita
elegante	**elegant**	**eleganter**	**am elegantesten (elegantest-)**	adicione **-e + -st** no superlativo
em forma	**fit**	**fitter**	**am fittesten (fittest-)**	dobre o **t**; adicione **-e + -st** no superlativo
trabalhador, industrioso	**fleißig**	**fleißiger**	**am fleißigsten (fleißigst-)**	
flexível	**flexibel**	**flexibler**	**am flexibel- sten (flexi- belst-)**	retire o último **e** no comparativo
amigável	**freundlich**	**freundlicher**	**am freundlichsten (freundlichst-)**	
feio	**hässlich**	**hässlicher**	**am hässlichsten (hässlichst-)**	
educado	**höflich**	**höflicher**	**am höflichsten (höflichst-)**	
bonito	**hübsch**	**hübscher**	**am hübschesten (hübschest-)**	adicione **-e + -st** no superlativo
inteligente	**intelligent**	**intelligenter**	**am intelligentesten (intellegentest-)**	adicione **-e + -st** no superlativo
musical	**musikalisch**	**musikalischer**	**am musikalischsten (musikalischst-)**	
corajoso	**mutig**	**mutiger**	**am mutigsten (mutigst-)**	
agradável	**nett**	**netter**	**am nettesten (nettest-)**	adicione **-e + -st** no superlativo
organizado	**ordentlich**	**ordentlicher**	**am ordentlichsten (ordentlichst-)**	

78   **Alemão Essencial Para Leigos**

chique, estiloso	schick	schicker	am schicksten (schickst-)	
bonito, lindo	schön	schöner	am schönsten (schönst-)	
atlético	sportlich	sportlicher	am sportlichsten (sportlichst-)	
caro	teuer	teurer	am teuersten (teuerst-)	retire o último **e** no comparativo
razoável	vernünftig	vernünftiger	am vernünftigsten (vernünftigst-)	
divertido	witzig	witziger	am witzigsten (witzigst-)	

Tipos irregulares de comparações

O alemão não seria o mesmo sem suas três letras interessantes que usam trema (sem mencionar aquela **eszett**, a letra ß). Ao compor as formas comparativa e superlativa de alguns adjetivos e advérbios, tenha cuidado em fazer as mudanças de escrita necessárias; em outras palavras, adicione o trema quando necessário. Além disso, certifique-se de memorizar os principais adjetivos e advérbios irregulares.

Entendendo mudanças na escrita

LEMBRE-SE

A orientação geral para adicionar tremas em comparações é simples de lembrar:

» Muitos adjetivos e advérbios com uma sílaba e com um **a, o** ou **u** na forma base adicionam um trema nas formas comparativa e superlativa: **alt** → älter → ältest- (*velho* → *mais velho* → *o mais velho*).

» Algumas palavras monossilábicas comuns com um **a, o** ou **u** na forma base não têm trema: **blond** (*loiro*), **bunt** (*colorido*), **falsch** (*errado*), **froh** (*contente*), **klar** (*claro*), **toll** (*incrível, ótimo*), **wahr** (*verdade*) e **laut** (*alto, barulhento*). **Nota:** Laut tem **au** na forma base, diferente de outras nessa lista.

CAPÍTULO 5 **Descrevendo e Conectando Seus Pensamentos** 79

Os exemplos a seguir mostram como ficam essas mudanças na escrita:

Herr Diefenbacher ist alt, aber Frau Kolbe ist noch älter. (*Herr Diefenbacher é velho, mas Frau Kolbe é ainda mais velha.*) O adjetivo **alt** (forma base) muda para **älter**, com um trema na forma comparativa.

Die ärmsten Länder brauchen viel Unterstützung. (*Os países mais pobres precisam de muito auxílio.*) O adjetivo **ärmsten** é a forma superlativa; **die ärmsten Länder** é o sujeito (caso nominativo), e é plural. **Ärmsten** precede o substantivo, então precisa da terminação do adjetivo para refletir **Länder.** Forme-o da seguinte maneira: **arm-** (forma base) muda para **ärm-** (adicione o trema) + **-st** (a terminação do superlativo aqui é **-st;** retire o **e** extra) + **-en** (terminação nominativa plural).

Revisando formas irregulares de comparações

O alemão tem alguns rebeldes entre os adjetivos e advérbios. O exemplo clássico é **gut** → **besser** → **am besten**, assim como no português *bom* → *melhor (que)* → *melhor (de todos)*.

Como você pode ver na Tabela 5–5, existe apenas um punhado de adjetivos e advérbios irregulares, então será fácil colocá-los no seu vocabulário ativo.

TABELA 5-5   ## Formas Irregulares de Comparação

Equivalente em Português	Base	Comparativo	Superlativo
logo, mais cedo, o mais cedo	**bald**	**eher**	**am ehesten**
gostar (de fazer algo), preferir, gostar mais do que tudo	**gern**	**lieber**	**am liebsten**
bom, melhor, o melhor	**gut**	**besser**	**am besten**
alto, mais alto, o mais alto	**hoch**	**höher**	**am höchsten**
perto, mais perto, o mais perto	**nah**	**näher**	**am nächsten**
muito, mais, o máximo	**viel**	**mehr**	**am meisten**

Comparações entre iguais e diferentes

A Tabela 5–6 mostra as expressões comumente usadas que descrevem igualdade ou desigualdade entre itens, pessoas, lugares e ideias. As frases de exemplo ilustram como essas expressões se encaixam em frases.

TABELA 5–6 **Formas de Comparação de Iguais/Diferentes**

Comparação de Iguais/Diferentes	Equivalente em Português	Frase de Exemplo	Equivalente em Português
genauso . . . wie . . .	*tanto . . . quanto. . .*	Mein Auto fährt **genauso** schnell **wie** sein Motorrad.	*Meu carro vai tão rápido quanto a motocicleta dele.*
halb so . . . wie . . .	*metade tão . . . quanto . . .*	Das Ergebnis war nur halb so schlimm wie wir erwarteten.	*O resultado foi apenas metade tão ruim quanto esperávamos.*
(nicht) so . . . wie . . .	*(não) tão . . . quanto . . .*	Ich bin (nicht) so stark wie ich dachte.	*Eu não sou tão forte quanto pensava.*
je . . . , desto . . . (palavras comparativas seguem **je . . . , desto . . .**)	*quanto . . . melhor . . .* (adjetivos ou advérbios em forma comparativa)	Je mehr Sie lesen, desto besser informiert werden Sie. (***Nota:*** A ordem das palavras é diferente em português.)	*Quanto mais você lê, melhor informado ficará.*

Seu Manual Pessoal de Preposições

Preposições são pequenas palavras que indicam o relacionamento entre um substantivo, que é o objeto da preposição, e outra palavra ou outras palavras em uma frase. A seção a seguir lida com o papel desempenhado pelo caso no uso das preposições, bem como funcionam as preposições de duas vias e as combinações de preposição.

Observando o papel dos casos nas preposições

Como com outras palavras do alemão, como substantivos, adjetivos e verbos, as preposições precisam ser compreendidas em conjunto com outras armadilhas da língua. Uma preposição humilde de duas letras como **in** (*dentro, em*) tem tanto poder que força o substantivo e outras palavras com a qual se conecta a assumir a mesma terminação do caso. A preposição não muda; ela *diz* às outras para seguirem o caso daquela preposição.

Os três casos com os quais as preposições se identificam são acusativo, dativo e genitivo. *Note:* Algumas preposições têm função dupla; podem usar o caso acusativo ou o dativo, dependendo do significado. Os exemplos a seguir mostram todos os quatro grupos de preposições. (Para ler o básico sobre caso, veja o Capítulo 2.)

- » Preposição acusativa **durch: Mein Hund Bello läuft gern durch den Wald**. (*Meu cachorro Bello gosta de correr pela floresta.*) A frase é **durch den Wald** (*pela floresta*). **Der Wald** no caso acusativo é **den Wald**.

- » Preposição dativa **mit: Ich laufe gern mit ihm (Bello)**. (*Eu gosto de correr com ele.*) A frase é **mit ihm** (*com ele*). **Ihm** é a forma do caso dativo do pronome pessoal **er**.

- » Preposição genitiva **während: Während des Winters bleiben Bello und ich oft zu Hause**. (*Durante o inverno, Bello e eu frequentemente ficamos em casa.*) A frase é **während des Winters** (*durante o inverno*). Como **während** é uma preposição genitiva, **der Winter** no caso nominativo muda para **des Winters** no caso genitivo.

- » Preposição acusativa/dativa **auf: Meistens liege ich allein auf der Couch, aber manchmal springt Bello auf die Couch.** (*Eu normalmente deito no sofá sozinho, mas às vezes ele pula no sofá.*) **Auf der Couch** (*no sofá*) é caso dativo; **auf die Couch** (*no sofá*) é caso acusativo.

LEMBRE-SE

Preposições que podem ser tanto acusativas quanto dativas funcionam assim: quando a preposição usa o caso acusativo, geralmente mostra o movimento de algo, ao passo que, quando usa o dativo, indica localização.

Conectando com preposições acusativas

Preposições acusativas expressam movimento, oposição a algo e atos de exclusão ou recebimento. O pequeno bando de preposições acusativas, que são ligadas de perto ao caso acusativo, inclui **bis**, **durch**, **für**, **gegen**, **ohne** e **um**. Observe a Tabela 5–7 para uma lista dessas preposições, seus equivalentes em português e uma frase de exemplo.

TABELA 5-7   **Preposições Acusativas**

Preposição	Equivalente(s) em Português	Frase de Exemplo	Equivalente em Português
bis	até	bis nächsten Sonntag	até o próximo domingo
durch	através, por	durch die Stadt (jemanden)	pela cidade
		durch einen Freund kennen-lernen	conhecer (alguém) através de um amigo
für	para	für Sie	para você
		für meine Freunde	para meus amigos
gegen	contra, para	gegen die Regeln	contra as regras
		etwas gegen Kopfschmerzen nehmen	tomar algo para uma dor de cabeça
ohne	sem	ohne mich	sem mim
		ohne Herrn Adler	sem Herr Adler
um	em volta, para, na	um das Haus	em volta da casa
		Ich bewerbe mich um die Stelle.	Estou me candidatando ao emprego.

DICA

Para formar frases com preposições acusativas, comece com a preposição e adicione a informação à qual a preposição liga o resto da frase — o objeto (substantivo) da preposição e quaisquer modificadores. Se necessário, mude as terminações de qualquer artigo, pronome, adjetivo e substantivo que siga a preposição para o caso acusativo. Eis o que precisa mudar:

> » Alguns artigos definidos mudam. Os artigos definidos são fáceis porque a única mudança é **der → den. Die** (feminino e

CAPÍTULO 5 **Descrevendo e Conectando Seus Pensamentos**   83

plural) e **das** não mudam. (Veja o Capítulo 2 para informações sobre artigos definidos.)

» As preposições acusativas constroem algumas contrações: **durch + das = durchs; für + das = fürs; um + das = ums**.

No alemão falado, coloquial, essas contrações são muito comuns.

» A maioria dos pronomes muda. Os pronomes pessoais no caso acusativo (objeto direto) são **mich** (*me*), **dich** (*lhe*), **ihn/sie/es** (*o/a*), **uns** (*nos*), **euch** (*lhes*), **sie** (*lhes*) e **Sie** (*lhe*).

» Adjetivos podem ou não passar por uma mudança na terminação.

» Alguns substantivos passam por uma mudança na terminação. (Veja o Capítulo 1 para ler mais sobre substantivos.)

As frases de exemplo a seguir mostram o papel do caso e algumas mudanças na escrita que ocorrem quando você usa preposições do alemão:

> **Sammy das Stinktier sitzt ganz allein, ohne seine Freunde.** (*Sammy, o gambá, está sentado sozinho, sem seus amigos.*) A preposição **ohne** é seguida por **seine Freunde**; ambas as palavras têm terminações plurais acusativas.

> **Dann läuft er durch den Garten der Familie Finkenhuber.** (*Então ele corre pelo jardim dos Finkenhuber.*) A preposição **durch** (*pelo*, neste contexto) indica movimento; **den Garten** é a forma singular masculina de **der Garten** no caso acusativo.

> **Sammy läuft um den Hund Bello und... psst!** (*Sammy corre em volta de Bello, o cachorro e... psiu!*) A preposição **um** (*em volta de*) indica movimento; **den Hund** é a forma singular masculina de **der Hund** no caso acusativo.

Trabalhando com preposições dativas

Preposições dativas incluem alguns pesos-pesados. A maioria delas expressa relacionamentos de tempo (quando), movimento (para onde) e localização (onde). Algumas têm variações surpreendentes no significado. A Tabela 5–8 mostra oito preposições dativas que são sempre seguidas pelo dativo, seus equivalentes em português e algumas frases de exemplo para cada.

84 **Alemão Essencial Para Leigos**

TABELA 5-8   Preposições Dativas

Preposição	Equivalente(s) em Português	Frase de Exemplo	Equivalente em Português
aus	de, fora de	aus den USA	dos EUA
		aus der Arbeit	do/fora do trabalho
außer	além, exceto por	außer uns	além de/exceto por nós
		außer den Kindern	exceto pelas crianças
bei	em (uma casa de, um lugar de negócios), perto de, com	bei Katharina	na Katharina (lugar)
		bei der Straße	perto da rua
		Es ist anders bei mir.	É diferente comigo.
mit	com, por meio de (meios de transporte)	mit dem Hund	com o cachorro
		mit dem Zug	de trem
nach	depois, passado, para	nach einer Stunde	depois de uma hora
		Es ist fünf nach vier.	São cinco passados das quatro.
		nach Moskau (sem artigo em cidades e países em alemão)	para Moscou
seit	por, desde	seit zwanzig Jahren	por 20 anos
		seit dem Krieg	desde a guerra
von	por, de, no	von einem deutschen Maler	por um artista alemão (criado por alguém)
		ein Geschenk von dir	um presente seu (de você)
		am Ende vom Film	no final de um filme
zu	para (com pessoas e certos lugares)	zur Universität	para a universidade
		Was gibt's zum Abendessen?	O que tem para o jantar?

DICA

Para formar frases com preposições dativas, comece com a preposição e adicione a informação que a preposição conecta com o resto da frase (o objeto da preposição e quaisquer artigos ou advérbios que a modificam). Mude as terminações de qualquer artigo, pronome, adjetivo e substantivo que sigam as preposições — se necessário — para o caso dativo. Eis o que precisa mudar:

> » Os artigos definidos mudam assim (veja o Capítulo 2 para artigos definidos): **der** → **dem; die** → **der** (feminino); **das** → **dem; die** → **den** (plural).
>
> *Nota:* Nem todas as frases preposicionais precisam de um artigo (**dem, einen** e assim por diante) com o substantivo; normalmente, essas são expressões fixas, como as horas (**es ist Viertel nach acht** [*são quinze passados das oito*]) ou outros tipos (**zu Hause** [*em casa*]).
>
> » As contrações que preposições dativas formam são **bei + dem = beim; von + dem = vom; zu + dem = zum; zu + der = zur.** No alemão falado coloquial, essas contrações são muito comuns.
>
> » Todos os pronomes mudam. Os pronomes pessoais do caso dativo são **mir** (*me*), **dir** (*lhe*), **ihm/ihr/ihm** (*o/a*), **uns** (*nos*), **euch** (*lhes*), **ihnen** (*lhe*) e **Ihnen** (*lhes*). (Veja o Capítulo 2 para os pronomes.)
>
> » Adjetivos podem ou não passar por uma mudança na terminação.
>
> » Alguns substantivos passam por mudança na terminação. (Veja o Capítulo 2 para mais sobre substantivos.)

A conversa a seguir mostra como quatro das preposições dativas — **bei**, **zu**, **seit** e **mit** — funcionam em frases:

Essen wir heute Abend bei dir? (*Vamos jantar na sua casa hoje à noite?*) **Bei** é um verdadeiro camaleão em relação a significados. Aqui, pegue **bei**, adicione o pronome dativo **dir**, e pronto! — **bei dir** = *na sua casa.*

Nein, ich möchte lieber zum Restaurant um die Ecke gehen. (*Não, eu prefiro ir ao restaurante da esquina.*) A contração de **zu + dem = zum.**

Luigis? Es ist seit einem Monat geschlossen. (*No Luigi? Está fechado há um mês.*)

Wichtig ist nur, dass ich mit dir esse. (*O que importa é que eu coma com você.*)

86 Alemão Essencial Para Leigos

Lidando com preposições genitivas

As *preposições genitivas* descrevem a duração do tempo, razões para algo ou oposição a algo. A Tabela 5-9 mostra as seis preposições genitivas mais comuns, seus equivalentes em português e frases de exemplo.

Nota: Principalmente no alemão falado, mas também no escrito, é comum usar pronomes pessoais dativos com preposições genitivas; por exemplo, **wegen mir** (*por minha causa*) ou **statt dir** (*em vez de você*). No alemão falado, algumas preposições genitivas — **anstatt/statt**, **trotz**, **wegen** e **während** — são normalmente usadas com o caso dativo. Isso é particularmente verdadeiro na **Bayern, Österreich, und die Schweiz** (*Bavária, Áustria e Suíça*). **Während** usa o caso dativo com menos frequência no alemão coloquial do que as outras três.

TABELA 5-9 Preposições Genitivas

Preposição	Equivalente em Português	Frase de Exemplo	Equivalente em Português
(an)statt (nenhuma diferença entre **anstatt** e **statt**)	*em vez de*	**(an)statt meines Autos**	*em vez do meu carro*
außerhalb	*fora de*	**außerhalb des Hauses**	*fora de casa*
innerhalb	*dentro de*	**innerhalb der Firma**	*dentro da empresa*
trotz	*apesar de*	**trotz des Wetters trotz des Lärms or Laermes**	*apesar do tempo* *apesar do barulho*
während	*durante*	**während des Tages**	*durante o dia*
wegen	*por causa de, por conta de*	**wegen der Kosten**	*por conta dos custos*

DICA

Para formar frases preposicionais genitivas, comece com a preposição e, então, adicione a informação à qual a preposição liga o resto da frase. Você precisa mudar as terminações de quaisquer artigos, pronomes, adjetivos e substantivos que seguem as preposições — se necessário — para que também estejam no caso genitivo.

> **Wegen der Hitze gehen wir nicht spazieren.** (*Não vamos caminhar por causa do calor.*) **Die Hitze** no caso nominativo se transforma em **der Hitze** no genitivo.

> **Während des Winters bleiben wir meistens zu Hause.** (*Nós normalmente ficamos em casa durante o inverno.*) **Der Winter** no caso nominativo se transforma em **des Winters** no genitivo.

Enfrentando preposições de duas vias

Nove preposições podem usar tanto o caso acusativo quanto o dativo, dependendo do significado. As preposições nesse grupo estão no caso acusativo quando descrevem movimento e no dativo quando descrevem localização.

Para determinar se você precisa usar uma preposição de duas vias no caso acusativo ou no dativo, visualize o que quer dizer. Imagine a diferença entre um gato deitado *em cima da* mesa — **eine Katze liegt auf dem Tisch** (localização = caso dativo) — e um gato pulando *na* mesa — **eine Katz springt auf den Tisch** (movimento = caso acusativo).

A Tabela 5–10 mostra as preposições de duas vias, seus equivalentes em português e uma frase de exemplo para cada uma com a tradução em português. Como não há presente contínuo em alemão, o tempo presente (*o rato corre*) e o contínuo (*o rato está correndo*), ou ambos, são traduções lógicas.

TABELA 5-10   Preposições de Duas Vias

Preposição	Equivalente em Português	Exemplo Acusativo	Exemplo Dativo
an	na, sobre (referindo-se a uma superfície vertical), até	**Die Katze geht ans (an + das) Fenster.** (*O gato caminha até a janela.*)	**Die Katze sitzt am Fenster.** (*O gato está sentado na janela.*)

auf	Sobre (referindo-se a uma superfície horizontal), na, até	Die Katze springt auf den Tisch. (O gato pula na mesa.)	Die Katze steht auf dem Tisch. (O gato está em pé sobre a mesa.)
hinter	atrás, para trás de	Die Katze geht hinter die Couch. (O gato está indo para trás do sofá.)	Die Katze sitzt hinter der Couch. (O gato está sentado atrás do sofá.)
in	em, dentro, até	Die Katze läuft in die Küche. (O gato está correndo para dentro da cozinha.)	Die Katze ist in der Küche. (O gato está na cozinha.)
neben	ao lado, perto de	Der Hund legt sich neben die Katze hin. (O cachorro se deita perto do gato.)	Die Katze liegt neben dem Hund. (O gato está deitado ao lado do cachorro.)
über	sobre, acima	Eine Maus läuft über den Teppich. (Um rato está correndo sobre o carpete.)	Eine Lampe hängt über dem Tisch. (Uma lâmpada está pendurada sobre a mesa.)
unter	sob, debaixo	Die Maus läuft unter den Teppich. (O rato corre debaixo do carpete.)	Der Teppich liegt unter dem Tisch. (O carpete está sob a mesa.)
vor	em frente a	Die Maus läuft vor die Katze. (O rato está correndo na frente do gato.)	Der Hund sitzt vor dem Fernseher. (O cachorro está sentado em frente à TV.)
zwischen	entre	Die Katze legt sich zwischen die Pfoten des Hundes. (O gato deita entra as patas do cachorro.)	Der Hund steht zwischen der Maus und der Katze. (O cachoro está parado entre o rato e o gato.)

Para formar frases com preposições de duas vias, siga as orientações que descrevo nas seções anteriores, "Conectando com preposições acusativas" e "Trabalhando com preposições dativas".

LEMBRE-SE

Algumas preposições de duas vias se combinam com artigos para formar contrações. Essas contrações são usadas principalmente no alemão falado coloquial: **an + das = ans**; **an + dem = am**; **auf + das = aufs**; **in + das = ins**; **in + dem = im**. Outras contrações que não são tão frequentemente usadas como contrações com **das** e **dem** incluem **hinters**, **hinterm**, **übers**, **überm**, **unters**, **unterm**, **vors** e **vorm**. Você encontra essas contrações na linguagem falada.

Os exemplos a seguir esclarecem como formar e usar corretamente as preposições de duas vias.

Die Kinder sind im Bett. (*As crianças estão na cama.*) A preposição **in** (aqui significa *na*) usa o caso dativo para expressar localização.

Die Kinder gehen ins Bett. (*As crianças estão indo para a cama.*) A preposição **in** (aqui significa *para a*) usa o caso acusativo para expressar movimento.

Ich wohne über einer Buchhandlung. (*Eu moro em cima de uma livraria.*) A preposição **über** (*sobre*) descreve onde é, portanto está no caso dativo.

Der Zeppelin fliegt über die Stadt. (*O zepelim [dirigível] está voando sobre a cidade.*) A preposição **über** (*sobre*) descreve movimento, então usa o acusativo.

Dominando as combinações de preposições

O alemão tem várias frases preposicionais estranhas, mas importantes, que você encontra com regularidade. Tente lembrar-se desses exemplos como frases completas para que possa usá-las mais tarde. Para entender o que diferencia essas frases preposicionais de outras, observe os seguintes exemplos:

> » **Zu Hause** e **nach Hause** são duas frases preposicionais frequentemente confundidas. **Zu Hause** significa *em casa*. Indica localização. **Nach Hause** significa *indo para casa*. Implica movimento em direção à casa.
>
> **Wo ist Birgit? Sie ist zu Hause.** (*Onde está Birgit? Ela está em casa.*)
>
> **Wohin geht Lars? Er geht nach Hause.** (*Para onde Lars está indo? Ele está indo para casa.*)

» **Bis** (*até*) é uma preposição acusativa. O que a diferencia é o fato de ser usada com mais frequência em combinação com outras preposições, e não sozinha. Observe as seguintes expressões:

Von 8.30 Uhr bis 19.00 Uhr (*das 8h30 até as 19h*).

Bis zum bitteren Ende (*até o amargo fim*); **zu** assume o caso dativo: **zu + dem = zum.**

Bis ins kleinste Detail (*nos menores detalhes*); **ins = in + das,** o caso acusativo.

Bis in den Abend hinein (*na noite*); a frase está no caso acusativo.

» **Entlang** (*juntamente, ao longo*) é a preposição que realmente tem três combinações de casos: acusativo, dativo e genitivo. Além disso, **entlang** frequentemente segue a informação que modifica. (Também funciona como um advérbio!) Observe os três exemplos de **entlang,** usando os três casos:

Gehen Sie den Weg entlang. (*Caminhando ao longo do trajeto.*)

Den Weg está no caso acusativo.

Die Grenze verläuft entlang dem Fluß. (*A fronteira segue ao longo do rio.*) **Dem Fluß** está no caso dativo.

Entlang des Ufers gibt es viele Schwäne. (*Há vários cisnes ao longo da costa.*) **Des Ufers** está no caso genitivo. O uso de **entlang** no caso genitivo é típico no sul da Alemanha e na Áustria.

» **Gegenüber** (*em frente a, oposto a*), um verdadeiro multitarefas, não é só uma preposição dativa, mas também um adjetivo, advérbio e, até mesmo, um substantivo. Como preposição, pode ficar na frente ou em seguida de seu objeto; não faz diferença no significado.

Wir wohnen gegenüber dem Park. (*Moramos em frente a um parque.*) O objeto, **dem Park**, segue **gegenüber.**

Der Präsident stand mir gegenüber. (*O presidente estava parado na minha frente.*) O objeto, **mir**, precede **gegenüber.** Tecnicamente falando, preposições que combinam com verbos pertencem a um grupo separado chamado *verbos com prefixos*. (Veja o Capítulo 3 para informações sobre verbos com prefixos separáveis e inseparáveis.)

> **NESTE CAPÍTULO**
>
> **Falando ou recebendo "sim" e "não"**
>
> **Obtendo e compartilhando informações**

Capítulo 6

Fazendo e Respondendo Perguntas

Fazer perguntas coloca você no comando da conversa. Você as usa para iniciar diálogos, obter informações e esclarecer alguma coisa sobre a qual não tem certeza. Este capítulo o atualiza sobre como fazer (e responder) tipos diferentes de perguntas.

Formulando Perguntas de Sim/Não

LEMBRE-SE

A ordem das palavras no alemão é fácil de seguir ao formular uma pergunta para a qual recebe uma resposta binária. Você só troca o sujeito e o verbo (principal) conjugado de lugar: o verbo fica em primeiro lugar e o sujeito, em segundo (onde o verbo normalmente fica em afirmações). Dê uma olhada nestes exemplos em alemão e suas traduções para o português:

> **Leben Sie in einer Großstadt?** (*Você mora em uma cidade grande?*)
>
> **Bleibt sie hier?** (*Ela vai ficar aqui?*)
>
> **Ist es kalt bei Ihnen im Winter?** (*Onde você mora é frio no inverno?*)

Outro tipo de pergunta que pede uma resposta binária é uma *pergunta retórica*. Uma pergunta retórica é simplesmente o que você coloca no final de uma afirmação para transformá-la em uma pergunta. Por exemplo, você pode dizer algo como mostrado a seguir, esperando que o ouvinte concorde com você: *O shopping abre às 10h, não é?*

Para formar uma pergunta retórica em alemão, apenas adicione **nicht?** (literalmente: *não?*) ou **nicht wahr?** (literalmente: *não é verdade?*) ao fim da frase. Se quiser extrair uma resposta de alguém como meio de conferir sua informação, você pode usar **nicht** ou **nicht wahr**, mesmo se estiver falando sobre algo no passado, presente ou futuro

> **Sie fahren morgen nach Düsseldorf, nicht wahr?** (*Você está indo/dirigindo para Düsseldorf amanhã, não está?*)
>
> **Der Film war nicht besonders gut, nicht?** (*O filme não foi especialmente bom, foi?*)

Respondendo a uma Pergunta de Sim/Não

Em geral, dizer "sim" ou "não" em alemão é bem fácil; você só diz **ja** ou **nein**. Mas, às vezes, precisa se expressar com uma gama de respostas positivas ou negativas. As próximas seções trazem as informações sobre como dizer "sim" ou "não" adequadamente em qualquer situação.

A maneira afirmativa

LEMBRE-SE

Quando quiser mostrar a alguém que você entendeu, que está ouvindo, e assim por diante, usa **ja** (*sim*) e seus parentes (por exemplo, **Ja, das ist richtig** (*é, é isso mesmo*). Use **ja** do jeito que você faz em português: para responder a uma pergunta no afirmativo ou para dizer que concorda com algo. Pode ser sozinho ou, se **ja** estiver em uma frase afirmativa, geralmente virá no início, assim como no português. Nesses casos, tudo o que precisa fazer é adicionar **ja** ao que quiser dizer.

Quando ficar entediado de falar **ja**, tente algumas variações que representam o mesmo significado com uma pequena mudança na ênfase.

A Tabela 6–1 contém nove alternativas para o bom e velho **ja**. As frases de exemplo colocam esses substitutos comuns em um contexto, e as explicações em português descrevem as implicações por trás de cada expressão.

TABELA 6-1 **Alternativas para Ja**

Equivalente de Ja	Explicação	Frase de Exemplo	Tradução
genau	*exatamente, precisamente* — a tradução em português parece artificial, mas não é tanto para o ouvido alemão	**Genau, mein Familienname ist Schranner.**	*Exatamente, meu sobrenome é Schranner.*
gewiss	*é claro, com certeza* — de certa forma um pouco formal em alemão	**Gewiss. Sie werden um 7.00 Uhr geweckt.**	*É claro. Você será acordado às 7h.*
ja, ja	*sim, sim* — pode expressar entusiasmo ou ceticismo	**Ja, ja, das weiß ich schon.**	*Sim, sim, eu já sei disso.*

(continua)

(continuação)

jawohl	exatamente — tem um som meio formal	Jawohl, meine Frau kommt aus Sydney.	Exatamente, minha esposa é de Sydney.
klar	é claro (literalmente: claro ou claramente) — meio casual, tom coloquial	Klar kann ich segeln.	É claro que eu sei navegar.
natürlich	naturalmente — neutro, nem formal nem coloquial	Natürlich helfen wir Ihnen.	Naturalmente, nós o ajudaremos.
richtig	certo — neutro, nem formal nem coloquial	Richtig. Er mietet ein Auto.	Certo. Ele está alugando um carro.
selbstverständlich	certamente — boa escolha para negócios, situações formais	Selbstverständlich lade ich Sie zum Mittagessen ein.	Certamente, estou convidando você para um almoço.
sicher	certamente, claro	Sicher mache ich das Licht aus.	Claro, eu desligarei as luzes.

Note que nas frases de exemplo, quando o substituto de **ja** é seguido por uma vírgula ou ponto, você começa a próxima frase na ordem normal de palavras do alemão, seguida pelo verbo na segunda posição. (Nas frases de exemplo, a vírgula e o ponto são intercambiáveis.) Quando a palavra substituta de **ja** é o primeiro elemento na frase (sem vírgula ou ponto), o verbo segue a segunda posição.

Se quiser adicionar mais ênfase para mostrar que você *realmente* entende ou concorda com alguém, pode adicionar **ja** ou **aber** (*mas*) às expressões da Tabela 6–1. Dê uma olhada:

Ja, klar! (*Sim, é claro!*)

Aber natürlich! (*Certamente!*)

Aber selbstverständlich! (*Ora, certamente!*)

Ja, sicher! (*Sim, claro!*)

96   Alemão Essencial Para Leigos

Os exemplos anteriores colocam as palavras equivalentes a **ja** no início da frase. Entretanto, quando quiser expressar compreensão ou concordância dentro de uma frase, você pode construir sentenças que usam essas palavras em expressões mais ou menos fixas, como **genau richtig** ou **es ist (mir) klar**. Além disso, **genau**, **gewiss**, **klar**, **natürlich**, **richtig**, **selbstverständlich** e **sicher** funcionam como adjetivos ou, em alguns casos, como advérbios, e têm significados similares. (Veja o Capítulo 5 para mais informações sobre adjetivos.)

> **Das wird selbstverständlich gemacht.** (*Isso certamente será feito.*)
>
> **Es ist mir klar, dass ich abnehmen soll.** (*Eu percebo que deveria perder peso.* Literalmente: *Está claro para mim que eu deveria perder peso.*)
>
> **Die Straßen waren gewiss sehr gefährlich nach dem Sturm.** (*As ruas certamente estavam muito perigosas depois da tempestade.*)
>
> **Sie haben es genau richtig geraten.** (*Você adivinhou precisamente certo.*)

A maneira negativa

Dizer "não" em alemão é direto e simples: **nein**. No entanto, quando quiser negar uma ação, um objeto ou pessoa, há duas maneiras de dizer *não* (ou *nenhum*): **kein** e **nicht**. Compreender essas duas expressões é questão de saber o que negam em uma frase.

As próximas seções o ajudam a descobrir quando usar **kein** e **nicht**. Elas também mostram como dizer "não" educadamente (porque um **nein** direto pode soar um pouco rude.)

Negando com kein

Kein (*não*, *nem*, *nenhum*) funciona como um adjetivo; descreve substantivos ao expressar negação. Eis alguns exemplos: **kein Polizist** (*nenhum policial*), **keine Jeans** (*nenhum jeans*), **kein Brot** (*nenhum pão*).

LEMBRE-SE

Antes de adicionar **kein** em suas frases, precisa saber o gênero e o caso do substantivo que está negando. Observe a sentença a seguir: **Kein Polizist hat einen leichten Job** (*nenhum policial tem um trabalho fácil*). **Kein Polizist** é o sujeito da frase, então está no caso nominativo.

A Tabela 6-2 mostra como lembrar das terminações para **kein**, com as terminações de caso e gênero em negrito. Masculino e neutros estão agrupados. (*Nota:* Esta tabela também vale para todas as palavras **ein-**, exceto pelo próprio **ein**, que não tem forma plural.)

TABELA 6-2 Terminações de Kein

Caso	Masculino/Neutro	Feminino/Plural
Nominativo	kein	kein**e**
Acusativo	kein**en** (masc.), kein (n.)	kein**e**
Dativo	kein**em**	kein**er** (fem.), kein**en** (pl.)
Genitivo	kein**es**	kein**er**

DICA

Note que as terminações masculinas e neutras são quase todas iguais para **kein**; o caso acusativo é o único que difere. Você também pode se recordar do feminino e do plural juntos, lembrando-se de que o caso dativo é o único que não é igual para os dois gêneros. Observe estes exemplos de frases com **kein** nos quatro casos, seguidos pelo equivalente em português e por uma nota gramatical explicando o gênero:

» Caso nominativo: **Keine Menschen leben auf der Insel.** (*Ninguém mora na ilha.*) **Menschen** (plural) é o sujeito da frase, então **keine Menschen** é o nominativo plural.

» Caso acusativo: **Nach dem grossen Abendessen hatte ich keinen Hunger.** (*Eu não estava com fome depois do grande jantar.*) Literalmente, **ich hatte keinen Hunger** significa *Eu não tinha fome.* **Der Hunger** (masculino) muda para o acusativo singular **keinen Hunger** porque é o objeto da frase.

» Caso dativo: **In keinem alten Auto gibt es GPS.** (*Não há nenhum GPS em nenhum carro antigo.*) Literalmente, **in keinem alten Auto gibt es GPS** significa *em nenhum carro antigo há um GPS.* A frase preposicional **in keinem alten Auto** está no caso dativo; portanto, **das Auto** fica **keinem (alten) Auto**.

» Caso genitivo: **Während keiner Nacht in der letzten Woche habe ich gut geschlafen.** (*Eu não dormi bem [durante] nenhuma noite na semana passada.*) Literalmente, **während keiner Nacht in der letzten Woche habe ich gut geschlafen** significa *durante nenhuma noite na semana passada eu dormi bem*. **Während** (*durante*) é uma preposição genitiva, e **die Nacht** é o singular feminino. Você precisa da terminação do caso genitivo **-er** para **kein**.

Negando com nicht

O básico de **nicht** é tão direto quanto possível. **Nicht** é tudo o que você precisa saber (diferente de **kein**, que tem terminações de caso e gênero, como explicado na seção anterior). **Nicht** geralmente nega um verbo: **nicht einladen** (*não convidar*), **nicht fahren** (*não dirigir, viajar*), **nicht feiern** (*não celebrar*). Mas também pode negar um adjetivo, como em **nicht interessant** (*nada interessante*), ou um advérbio, como em **nicht pünktlich** (*não pontual*).

O que precisa entender é como posicionar **nicht** em uma frase. Como **nicht** é um advérbio, nega a ação do verbo ou modifica um adjetivo ou um advérbio, e geralmente fica próximo dessas categorias gramaticais. Por exemplo:

> **Sie fliegen nicht nach London.** (*Eles não estão voando para Londres.*) **Nicht** segue diretamente o verbo nessa frase, negando a ideia de que estão voando.

> **Martin spricht nicht gut Deutsch.** (*Martin não fala bem o alemão.*) Nessa frase, **nicht** lhe diz que a habilidade de Martin de falar alemão não é boa, então **nicht** segue o verbo imediatamente.

> **Gestern kamen wir nicht pünktlich zum Termin.** (*Ontem, nós não chegamos ao nosso compromisso a tempo.*) **Nicht** liga-se ao advérbio **pünktlich** (*a tempo*), e você o coloca antes de **pünktlich**.

> **Das Buch ist nicht interessant.** (*O livro não é interessante.*) A negação conecta o verbo **ist** (*é*) e o adjetivo **interessant** (*interessante*); **nicht** modifica **interessant**, então você o coloca na frente do adjetivo.

O posicionamento é a parte mais complexa de **nicht**, então a Tabela 6-3 explica algumas orientações. Na maior parte do tempo, no entanto, se não posicionar **nicht** perfeitamente, ainda será capaz de ser compreendido no alemão falado ou escrito.

CAPÍTULO 6 **Fazendo e Respondendo Perguntas** 99

TABELA 6-3 Orientações para Posicionar Nicht

Posição de Nicht	Sentença de Exemplo	Tradução
SEGUE		
Um verbo conjugado	Maria fährt **nicht** nach Kiel.	*Maria não está dirigindo para Kiel.*
Um verbo conjugado que precede um prefixo separável	Felix und Gretl sehen **nicht** fern. (**Fernsehen** é um verbo de prefixo separável.)	*Feliz e Gretl não estão assistindo à TV.*
A maioria de advérbios de tempo específicos	Ich war gestern **nicht** zu Hause. (**Gestern** é o advérbio de tempo específico.)	*Eu não estava em casa ontem.*
VEM NO FIM DE		
Perguntas de sim/não	Essen Sie den Apfel **nicht**?	*Você não vai comer a maçã?*
Uma frase ou pergunta com um objeto direto	Ich kenne diesen Mann **nicht**. (**Diesen Mann** é o objeto direto.)	*Eu não conheço aquele homem.*
PRECEDE		
A maioria dos adjetivos	Das Hotel ist **nicht** gemütlich.	*O hotel não é aconchegante.* (**Gemütlich** é o adjetivo.)
A maioria dos advérbios, exceto por advérbios específicos de tempo	Ihr lauft **nicht** schnell. (**Schnell** é o advérbio.)	*Vocês não correm rápido.*
Infinitivos conectados a um verbo	Ich gehe **nicht** einkaufen. (**Einkaufen** é o infinitivo.)	*Eu não vou às compras.*
A maioria das frases preposicionais	Dieser Käse kommt **nicht** aus Frankreich. (**Aus Frankreich** é a frase preposicional.)	*Este queijo não é da França.*
As combinações de partes em uma frase (normalmente)	Matthias geht **nicht** sehr oft in die Bibliothek. (Há duas partes aqui — **sehr oft** e **in die Bibliothek.**)	*Matthias não vai à biblioteca com muita frequência.*

Evitando respostas negativas bruscas

Você não deve parecer negativo demais ao responder perguntas do tipo sim/não com um **nein** direto porque o ouvinte pode ficar desanimado. Você pode responder negativamente de forma educada a algumas perguntas ao adicionar palavras que absorvam o impacto.

LEMBRE-SE

Como você pode evitar ser brusco em uma conversa educada? Você pode criar uma impressão positiva em falantes de alemão ao dar respostas negativas usando *expressões idiomáticas* — frases feitas — que o ajudam a evitar parecer muito negativo. Observe este diálogo:

Haben Sie Kleingeld für 10€? (*Você tem troco para €10?*)

Nein, es tut mir leid. (*Não, sinto muito. Eu não tenho.*) Adicionar **es tut mir leid** suaviza a resposta direta com **nein**.

A Tabela 6-4 fornece amostras de expressões que o ajudam a evitar parecer excessivamente negativo.

TABELA 6-4 **Evitando a Aspereza com Respostas Negativas**

Frase	Equivalente em Português	Comentários
Es tut mir leid	Sinto muito	A desculpa **Es tut mir leid** introduz o resto da informação.
fast keine (Zeit)	quase nenhum (tempo)	**Fast keine Zeit** (*quase nenhum tempo*) é o mesmo que **kaum Zeit**.
praktisch kein	praticamente nenhum	Você também pode usar **praktisch** em um sentido positivo: Sie ist **praktisch** fertig. (*Ela está praticamente pronta.*)
Im Grunde genommen	basicamente	O sinal de uma negação — **Im Grunde genommen** — vem no início da frase, suavizando a negativa.
nicht hundertprozentig/nicht ganz	não 100%/não completamente	Você não precisa admitir que entende apenas 70%. Provavelmente o interlocutor se repetirá. Dizer **nein** diretamente não o levará a lugar nenhum.

(continua)

CAPÍTULO 6 **Fazendo e Respondendo Perguntas** 101

(continuação)

nicht nur (... sondern auch)	*não só (... mas também)*	**nicht nur** (*não só*) pode ser ligado assim: **Nicht nur** mein Vater, **sondern auch** mein Großvater kam aus Irland. (*Não só o meu pai, mas também o meu avô veio da Irlanda.*)
Ich habe nicht die leiseste Ahnung	*Eu não tenho a mínima ideia.*	Essa é uma frase feita e pode também ser dita assim: Ich **habe keine Ahnung.** (*Eu não tenho ideia.*)

Fazendo Perguntas Informativas

Às vezes, um "sim" ou "não" simples não adianta, e você precisa de mais informação em resposta à pergunta. As seções seguintes mostram o que dizer quando quiser dar respostas mais detalhadas.

Usando palavras interrogativas

Você precisa de palavras interrogativas como *quem*, *o que*, *onde* e *quando* para obter mais informações, mas também pode usar a tática de uma criança pequena perguntando **wer** (*quem*), **was** (*o que*), **warum** (*por que*), e assim por diante, como uma ferramenta para envolver as pessoas na conversa. Essa é uma tática útil porque lhe dá mais controle sobre a direção da discussão.

LEMBRE-SE

A ordem invertida das palavras para perguntas sim/não (veja a seção anterior "Formulando Perguntas de Sim/Não") é a mesma para perguntas para obter informações, só a palavra (ou frase) interrogativa vem antes. Assim, a ordem das palavras em perguntas para obter informações palavra interrogativa + verbo + sujeito, como em **Warum ist der Himmel blau?** (*Por que o céu é azul?*) ou **Wann fahren wir nach Hause?** (*Quando vamos dirigir para casa?*).

A Tabela 6-5 lista 12 palavras e frases interrogativas em alemão com seus equivalentes em português e um exemplo de pergunta em alemão com a tradução em português.

TABELA 6-5 Palavras Interrogativas e Exemplos de Perguntas

Palavra ou Frase Interrogativa	Frase de Exemplo	Tradução
wie (*como*)	Wie heißen Sie?	*Qual é o seu nome?*
wie viele (*quantos*)	Wie viele Personen arbeiten in Ihrer Firma?	*Quantas pessoas trabalham na sua empresa?*
wie viel (*quanto*)	Wie viel kostet die Karte?	*Quanto custa o ingresso?*
was (*o que*)	Was machen wir nach der Pause?	*O que você vai fazer depois do intervalo?*
was für (*que tipo de*)	Was für ein Auto fahren Sie?	*Que tipo de carro você dirige?*
wann (*quando*)	Wann beginnt das Konzert?	*Quando o concerto começa?*
wo (*onde*)	Wo wohnen Sie?	*Onde você mora?*
woher (*de onde*)	Woher kommen Sie?	*De onde você é?*
wohin (*para onde*)	Wohin fährt der Bus?	*Para onde o ônibus vai?*
welcher/welche/welches (*qual*)	Welche Straßenbahn soll ich nehmen? (die Straßenbahn)	*Qual bonde devo pegar?*
wer (nominativo) (*quem*), wen (acusativo) (*quem*), wem (dativo) (*quem*), wessen (genitivo) (*cujo*)	Wer ist Ihr Chef?	*Quem é o seu chefe?*
warum (*por que*)	**Warum hält der Zug jetzt (an)?**	*Por que o trem está parando agora?*

Chamando o caso em questão

As palavras interrogativas **welch-** e **wer** são pronomes interrogativos. Você precisa ter cuidado com o papel desempenhado por esse caso e gênero do substantivo ao fazer perguntas com elas.

LEMBRE-SE

Welcher/welche/welches (*qual*) é um pronome interrogativo com três versões, que correspondem aos três gêneros do substantivo **der/die/das**: **welcher Computer** (*qual computador*), **welche Frau** (*qual mulher*), **welches Auto** (*qual carro*). Você precisa lembrar que ele tem terminações de adjetivo — ou seja, as terminações de caso do substantivo que descreve. Por exemplo, considere: **Mit welchem Bus soll ich fahren?** (*Qual ônibus devo pegar?* Literalmente: *Com qual ônibus devo dirigir/viajar?*). A preposição **mit** usa o caso dativo, e **der Bus** é masculino, então **mit welchem Bus** usa a forma dativa singular masculina de **welch-** na frase preposicional.

Wer (*quem*) é um pronome interrogativo que tem outras três formas. **Wer** é o caso nominativo, **wen** (*quem*) é acusativo, **wem** (*quem*) é dativo e **wessen** (*cujo*), genitivo.

A frase interrogativa **was für** (*que tipo de*) contém a preposição acusativa **für**, mas a preposição **für** em **was für** não determina o caso; em vez disso, as outras informações em questão o fazem. Observe as perguntas a seguir:

> » **Was für ein Fahrschein ist das?** (*Que tipo de passagem é essa?*) O sujeito é **Fahrschein**, que é um substantivo de gênero masculino. **Ein Fahrschein** está no caso nominativo; é o sujeito da pergunta.

> » **Was für einen Fahrschein brauche ich?** (*Que tipo de passagem eu preciso?*) **Fahrschein** é um substantivo de gênero masculino. **Einen Fahrschein** está no caso acusativo é o objeto direto da pergunta.

Formulando palavras interrogativas compostas com wo-

Adicionar a palavra interrogativa **wo-** (*onde*) na frente de uma preposição resulta em uma palavra interrogativa composta. O **wo-** sinaliza ao ouvinte que há uma pergunta vindo e que será sobre o objeto da preposição. O ouvinte, portanto, reúne as informações mais importantes primeiro na pergunta.

A ordem das palavras em alemão em perguntas começando com compostos **wo-** como **worüber** (*sobre o que*) pode parecer estranha no primeiro momento: **Worüber spricht sie?** (*Sobre o que ela está falando?* Literalmente: *O que sobre está ela falando?*) No entanto, é o padrão no alemão.

Uma segunda função importante de palavras interrogativas compostas usando **wo-** é preparar o ouvinte para uma pergunta que permite uma resposta aberta: **Wofür sind Sie?** (*Você é a favor do que?*) O ouvinte pode responder assim: **Ich bin für den Frieden** (*Sou a favor da paz*) ou **Ich bin für einen Spaziergang im Park** (*Sou a favor de dar uma volta no parque*).

LEMBRE-SE

O significado da preposição no composto com **wo-** pode ser diferente do significado original.

A Tabela 6–6 mostra os compostos mais comuns formados ao adicionar **wo-** às preposições. Quando a preposição começa com uma vogal, a letra **r** é inserida entre os dois elementos da palavra interrogativa (por exemplo, **wo + r + in = worin**).

TABELA 6–6 Compostos Interrogativos Usando Wo-

Preposição do Alemão	Tradução	Composto Wo-
an	*sobre, em, para*	woran
auf	*em cima de, para*	worauf
aus	*sem, de*	woraus
durch	*através, por*	wodurch
für	*para*	wofür
gegen	*contra*	wogegen
in	*em, dentro de*	worin
hinter	*atrás, depois de*	wohinter
mit	*com, por*	womit
nach	*depois de, para*	wonach
über	*sobre, acima*	worüber
um	*em volta de*	worum
unter	*debaixo*	worunter
von	*de, por*	wovon
vor	*em frente a, antes*	wovor
zu	*para, em*	wozu

Fornecendo Informações

Esta seção está repleta de dicas sobre como responder a perguntas que pedem informações.

» Quando vir ou escutar uma pergunta com **warum?** (*por quê?*), você responde com **weil** (*porque*) ou simplesmente dá a explicação pedida.

- **Warum machst du das Fenster zu?** (*Por que você está fechando a janela?*)

  Weil es zieht. (*Porque há uma corrente de ar.*)

  Mir ist kalt. (*Estou com frio.*)

» Quando vir ou escutar uma pergunta com **woher?** (*de onde?*), você diz de onde alguém ou algo é, e usa **aus** (*de*) em sua resposta antes de declarar o lugar de onde a pessoa ou coisa é.

- **Woher kommen Sie?** (*De onde vocês são?*)

  Wir kommen aus Boston. (*Somos de Boston.*)

» Quando vir ou escutar uma pergunta com **wohin?** (*para onde?*), você responde com a informação pedida e usa **nach** (*para*) antes de nomear o lugar para onde alguém ou algo está indo.

- **Wohin fährt der Zug?** (*Para onde o trem está indo?*)

  Er fährt nach Grassau. (*Está indo para Grassau.*)

» Quando vir ou escutar uma pergunta começando com **Um wie viel Uhr?** (*A que horas?*), você responde com a hora, e usa **um** (*às*) antes da expressão de tempo.

- **Um wie viel Uhr beginnt das Konzert?** (*A que horas começa o concerto?*)

  Es beginnt um 19.30. (*Começa às 19h30.*)

» Quando vir ou escutar uma pergunta com **wann?** (*A que horas?*), você responde com uma hora específica ou geral.

- **Wann gehen wir ins Kino?** (*Quando vamos ao cinema?*)

  Um 21.00. (*Às 21h.*) **(tempo específico)**

  Am Samstag. (*No sábado.*) **(tempo geral)**

» Se vir ou escutar uma pergunta contendo **wie?** (*como?*), você responde descrevendo algo ou alguma coisa. **Wie** também aparece em várias expressões fixas.

- **Wie war der Flug?** (*Como foi o voo?*)

  Zu lang. (*Longo demais.*)

A seguir estão algumas expressões com **wie** frequentemente usadas:

- **Wie sagt man** "dor de cabeça" **auf Deutsch?** (*Como você diz "dor de cabeça" em alemão?*)

  Kopfweh. (*Dor de cabeça.*)

- **Wie ist Ihre Adresse?** (*Qual é o seu endereço?*)

  Landsbergerstraße 358, 80337 München. (*Rua Landsberger 358, 80337 Munique.*)

- **Wie heißen Sie?** (*Qual é o seu nome?*)

  Kellsey Dodd. (*Kellsey Dodd.*)

- **Wie geht's?** (*Como você está?/Como vão as coisas?*) (informal)

  Nicht schlecht. (*Nada mal.*)

- **Wie geht es Ihnen?** (*Como você está?*) (formal)

  Sehr gut, danke. (*Muito bem, obrigado.*)

108   Alemão Essencial Para Leigos

NESTE CAPÍTULO

Entendendo o presente perfeito

Conhecendo o passado simples

Capítulo 7

Voltando ao Passado

alantes de alemão têm duas maneiras de descrever eventos passados: o presente perfeito e o passado simples. Resumindo, o presente perfeito é comum na língua falada, enquanto o passado simples é considerado o passado narrativo (então você o encontra com mais frequência no alemão escrito). Mostro como formar e usar ambos os tempos passados neste capítulo.

Conversando com o Presente Perfeito

Os alemães usam o tempo do presente perfeito para falar sobre atividades passadas. Esse tempo é comumente descrito como o *passado conversacional* porque — naturalmente — você o utiliza em uma conversa.

O presente perfeito no alemão tem dois elementos:

> » Um *verbo auxiliar,* também conhecido como um *verbo de ajuda* (a maioria dos verbos do alemão usa **haben**, embora alguns usem **sein**).
>
> » Um particípio passado (exemplos são **gegangen** [*ido*], **gearbeitet** [*trabalhado*] e **getrunken** [*bebido*]).

A maioria dos verbos forma o presente perfeito com o auxiliar **haben** (*ter*) mais o particípio passado do verbo. As duas categorias principais de verbos, classificadas pela maneira como o particípio passado é formado, são chamadas de verbos *fracos* e *fortes*.

DICA

Embora usar **haben** seja mais comum, alguns verbos podem usar uma forma de **sein** como o verbo auxiliar. Veja a seção "Formando o presente perfeito com o verbo auxiliar sein" para detalhes.

Para conjugar um verbo no presente perfeito com **haben**, você escolhe a forma do tempo presente simples de **haben**: **ich habe**, **du hast**, **er/sie/es hat**, **wir haben**, **ihr habt**, **sie haben** ou **Sie haben**. E então adiciona o particípio passado do verbo.

DIFERENÇAS

O alemão tem apenas um tempo verbal, o presente perfeito, para representar três tempos em português. Aqui estão as três traduções aceitáveis de **Sie haben in Wien gelebt**:

> » **Presente perfeito:** *Eles têm vivido em Viena* (expressa que podem ainda viver lá).
>
> » **Passado simples:** *Eles viveram em Viena* (já não vivem mais lá).
>
> » **Passado contínuo:** *Eles estavam vivendo em Viena* (relaciona duas ações completadas no passado — a outra ação passada é descrita em uma frase anterior, subsequente ou na mesma).

As diferenças no presente perfeito acontecem quando se adiciona um elemento temporal, como **gestern** (*ontem*): **Gestern habe ich einen Kojoten gesehen** (*Ontem, eu vi um coiote*). Você usa o presente perfeito em alemão, mas em português, usa *vi* (o passado simples).

Formando o presente perfeito com verbos fracos

Existem dois tipos de verbos fracos em alemão regulares e irregulares. Você precisa saber como formar o presente perfeito com ambos se quiser falar precisamente sobre o passado.

Verbos fracos regulares

LEMBRE-SE

Verbos fracos regulares são o maior grupo de verbos. Para formar o particípio passado, pegue a raiz não modificada do presente e adicione o prefixo **ge-** e a terminação **-t** ou **-et**. Você precisa da terminação **-et** nos seguintes casos:

» Para verbos cuja raiz termina em **-d** ou **-t** (por exemplo, **heiraten** [*casar*] se transforma em **geheiratet** [*casado*]).

» Para alguns verbos cuja raiz termina em **-m** ou **-n** (**regnen** [*chover*] se transforma em **geregnet** [*chovido*]).

» Para verbos recentemente adicionados do inglês (como **flirten**, [*flertar*] que muda para **geflirtet** [*flertado*]).

A tabela a seguir mostra a conjugação do presente perfeito do verbo fraco regular **arbeiten** (*trabalhar*). Para fazer isso, você conjuga **haben** na pessoa adequada e, então, adiciona o particípio passado. Para criá-lo, você retira a terminação **-en**, pega a raiz **arbeit** e adiciona **ge-** e **-et**, desta forma: **ge-** + **arbeit** + **-et** = **gearbeitet**.

arbeiten (*trabalhar*)	
ich **habe gearbeitet**	wir **haben gearbeitet**
du **hast gearbeitet**	ihr **habt gearbeitet**
er/sie/es **hat gearbeitet**	sie **haben gearbeitet**
Sie **haben gearbeitet**	
Sie **hat** im Herbst bei der Filmgesellschaft **gearbeitet**. (*Ela trabalhou na empresa de filmes no outono.*)	

CAPÍTULO 7 **Voltando ao Passado** 111

A Tabela 7-1 mostra alguns verbos fracos regulares com seus particípios passados.

TABELA 7-1 Particípios Passados de Verbos Fracos Regulares

Infinitivo	Particípio Passado	Infinitivo	Particípio Passado
arbeiten (trabalhar)	gearbeitet (trabalhado)	lieben (amar)	geliebt (amado)
drucken (imprimir)	gedruckt (impresso)	lernen (aprender)	gelernt (aprendido)
führen (liderar)	geführt (liderado)	machen (fazer)	gemacht (feito)
hören (ouvir)	gehört (ouvido)	passen (caber)	gepasst (cabido)
hoffen (esperar)	gehofft (esperado)	regnen (chover)	geregnet (chovido)
kaufen (comprar)	gekauft (comprado)	sagen (dizer)	gesagt (dito)
kosten (custar)	gekostet (custado)	schenken (presentear)	geschenkt (presenteado)
kriegen (pegar)	gekriegt (pego)	spielen (jogar)	gespielt (jogado)
lächeln (sorrir)	gelächelt (sorrido)	surfen (surfar)	gesurft (surfado)
leben (viver)	gelebt (vivido)	tanzen (dançar)	getanzt (dançado)

Verbos fracos irregulares

Pouquíssimos verbos fracos são irregulares, o que significa que têm o prefixo **ge-** e a terminação **-t**, mas não seguem o mesmo padrão que os verbos fracos regulares. A raiz do tempo presente muda quando você a coloca no particípio passado.

LEMBRE-SE

Para formar verbos fracos irregulares no presente perfeito, conjugue **haben** no presente e, então, adicione o particípio passado. Confira o exemplo a seguir com o verbo **denken** (pensar).

denken (pensar)	
ich **habe gedacht**	wir **haben gedacht**
du **hast gedacht**	ihr **habt gedacht**
er/sie/es **hat gedacht**	sie **haben gedacht**

Sie **haben gedacht**
Luka **hat** oft an seine Frau **gedacht**. (*Luka frequentemente pensava em sua esposa.*)

A Tabela 7-2 lista verbos fracos irregulares com seus particípios passados.

TABELA 7-2 **Particípios Passados de Verbos Fracos Irregulares**

Infinitivo	Particípio Passado
brennen (*queimar*)	**gebrannt** (*queimado*)
bringen (*trazer*)	**gebracht** (*trazido*)
denken (*pensar*)	**gedacht** (*pensado*)
kennen (*conhecer uma pessoa*)	**gekannt** (*conhecido uma pessoa*)
nennen (*nomear, chamar*)	**genannt** (*nomeado, chamado*)
wissen (*saber informações*)	**gewusst** (*sabido informações*)

Formando o presente perfeito com verbos fortes

Identificar um *verbo forte* é bem fácil. Seu particípio passado termina em **-en**. (A única exceção é o verbo **tun** [*fazer*]; cujo particípio passado é **getan** [*feito*].) Na maioria dos verbos fortes, ele começa com **ge-**.

LEMBRE-SE

Para formar o presente perfeito com verbos fortes, você conjuga **haben** na pessoa adequada e, então, adiciona o particípio passado. A seguir há um exemplo usando o verbo **trinken** (*beber*).

	**trinken** (*beber*)
ich **habe getrunken**	wir **haben getrunken**
du **hast getrunken**	ihr **habt getrunken**
er/sie/es **hat getrunken**	sie **haben getrunken**
Sie **haben getrunken**	
Wir **haben** gestern viel Mineralwasser **getrunken**. (*Nós bebemos muita água mineral ontem.*)	

CAPÍTULO 7 **Voltando ao Passado** 113

A Tabela 7–3 mostra alguns outros verbos fortes com seus particípios passados.

TABELA 7-3   **Particípios Passados de Verbos Fortes**

Infinitivo	Particípio Passado	Infinitivo	Particípio Passado
backen (*assar*)	**gebacken** (*assado*)	**schreiben** (*escrever*)	**geschrieben** (*escrito*)
beginnen (*começar*)	**begonnen** (*começado*)	**singen** (*cantar*)	**gesungen** (*cantado*)
essen (*comer*)	**gegessen** (*comido*)	**sitzen** (*sentar*)	**gesessen** (*sentado*)
finden (*encontrar*)	**gefunden** (*encontrado*)	**sprechen** (*falar*)	**gesprochen** (*falado*)
geben (*dar*)	**gegeben** (*dado*)	**stehen** (*ficar*)	**gestanden** (*ficado*)
halten (*segurar*)	**gehalten** (*segurado*)	**tragen** (*vestir*)	**getragen** (*vestido*)
heißen (*ser chamado*)	**geheißen** (*ter sido chamado*)	**treffen** (*encontrar*)	**getroffen** (*encontrado*)
helfen (*ajudar*)	**geholfen** (*ajudado*)	**trinken** (*beber*)	**getrunken** (*bebido*)
lassen (*deixar*)	**gelassen** (*deixado*)	**tun** (*fazer*)	**getan** (*feito*)
lesen (*ler*)	**gelesen** (*lido*)	**verlassen** (*deixar*)	**verlassen** (*deixado*)
liegen (*deitar, estar localizado*)	**gelegen** (*deitado, sido localizado*)	**verlieren** (*perder*)	**verloren** (*perdido*)
nehmen (*pegar*)	**genommen** (*pegado*)	**verstehen** (*entender*)	**verstanden** (*entendido*)
rufen (*chamar*)	**gerufen** (*chamado*)	**waschen** (*lavar*)	**gewaschen** (*lavado*)
schlafen (*dormir*)	**geschlafen** (*dormido*)	**ziehen** (*puxar*)	**gezogen** (*puxado*)

Formando o presente perfeito com o verbo auxiliar sein

Embora a maioria dos verbos formados no presente perfeito use uma forma de **haben**, alguns o formam com o auxiliar **sein** (*ser*)

114   **Alemão Essencial Para Leigos**

mais o particípio passado do verbo que deseja usar. Todos os verbos que usam **sein** compartilham estas similaridades:

> » Indicam algum tipo de movimento.
>
> » Mostram uma mudança em alguma condição — como em **werden** (*tornar-se*) — ou algum movimento para ou de algum lugar, como em **kommen** (*vir*).
>
> » Não têm um objeto direto, o que significa que são *intransitivos*. Por exemplo, o verbo **laufen** (*correr*) é intransitivo: **Wir sind schnell gelaufen.** (*Nós corremos rápido.*) Um exemplo de um verbo transitivo (com um objeto direto) é **trinken** (*beber*), e se parece com isso: **Ich habe eine Tasse Tee getrunken.** (*Eu bebi uma xícara de chá.*)

Geralmente, você forma o particípio passado com **ge-** + a raiz do infinitivo + a terminação **-en**: Por exemplo, **kommen** (vir) se transforma em **gekommen** (vir). No entanto, você também tem os tipos de particípios passados que passaram por mudanças na escrita da forma infinitiva original: **Gehen** (*ir, caminhar*) muda para **gegangen** (*ido, caminhado*).

LEMBRE-SE

Para formar o presente perfeito com **sein**, primeiro você conjuga o presente de **sein** e, então, adiciona o particípio passado certo. Observe o exemplo a seguir, com **fahren** (*dirigir*).

fahren (*dirigir*)	
ich **bin gefahren**	wir **sind gefahren**
du **bist gefahren**	ihr **seid gefahren**
er/sie/es **ist gefahren**	sie **sind gefahren**
Sie **sind gefahren**	
Bist du die ganze Nacht **gefahren?** (*Você dirigiu a noite toda?*)	

DICA

Até em conversas, usar o passado simples de **sein** é muito mais comum do que o presente perfeito; por exemplo: **Wie war der Flug von Zürich nach San Francisco?** (*Como foi o voo de Zurique para São Francisco?*)

Observe a Tabela 7-4, que mostra uma lista de verbos com **sein**, no presente perfeito. Alguns particípios passados não têm alteração na raiz; outros passam por mudanças para formá-lo.

TABELA 7-4 Verbos Conjugados com Sein no Presente Perfeito

Infinitivo	Sein + Particípio Passado	Infinitivo	Sein + Particípio Passado
bleiben (*ficar, permanecer*)	**ist geblieben** (*ficado, permanecido*)	**reiten** (*cavalgar*)	**ist geritten** (*cavalgado*)
fahren (*dirigir*)	**ist gefahren** (*dirigido*)	**schwimmen** (*nadar*)	**ist geschwommen** (*nadado*)
fallen (*cair*)	**ist gefallen** (*caído*)	**sein** (*ser*)	**ist gewesen** (*sido*)
fliegen (*voar*)	**ist geflogen** (*voado*)	**steigen** (*escalar*)	**ist gestiegen** (*escalado*)
fließen (*fluir, correr*)	**ist geflossen** (*fluído, corrido*)	**sterben** (*morrer*)	**ist gestorben** (*morrido*)
gehen (*ir, andar*)	**ist gegangen** (*ido, andado*)	**wachsen** (*crescer*)	**ist gewachsen** (*crescido*)
kommen (*vir*)	**ist gekommen** (*vindo*)	**werden** (*tornar, ficar*)	**ist geworden** (*tornado, ficado*)
laufen (*correr, andar*)	**ist gelaufen** (*corrido, andado*)		

Formando o presente perfeito com verbos incomuns

Você precisa fazer um pouco de malabarismo com alguns grupos de verbos do alemão quando forma o presente perfeito. Um grupo é conhecido como os **verbos de prefixos separáveis**. Eles são reconhecíveis por um prefixo, como **auf-**, que se separa do verbo principal em alguns tempos verbais. Outro grupo é chamado de **verbos de prefixos inseparáveis**: são identificados por um prefixo, como **be-**, que não se separa do verbo principal. Um terceiro grupo consiste de verbos terminando em **-ieren** na forma infinitiva.

Nas seções seguintes, você descobre como identificar esses verbos e formar o presente perfeito com eles.

Separando os prefixos separáveis

Com verbos de prefixos separáveis, você deixa o prefixo na frente do verbo, coloca **ge-** no meio e segue com o resto do particípio. A maioria dos verbos comumente usados neste grupo lembra verbos fortes (com particípio passado terminado em **-en**, como descrito na seção "Formando o presente perfeito com verbos fortes").

LEMBRE-SE

Você junta o presente perfeito de verbos com prefixos separáveis ao conjugar **haben** ou **sein** no presente e adicionar o particípio passado. Então, se o infinitivo for **anrufen** (*telefonar*), tem o particípio passado **angerufen** (*telefonado*), com os três elementos, **an** + **ge** + **rufen**. Dê uma olhada na conjugação de **fernsehen** (*assistir à TV*).

fernsehen (*assistir à TV*)	
ich **habe ferngesehen**	wir **haben ferngesehen**
du **hast ferngesehen**	ihr **habt ferngesehen**
er/sie/es **hat ferngesehen**	sie **haben ferngesehen**
Sie **haben ferngesehen**	
Habt ihr am Wochenende **ferngesehen?** (*Você assistiu à TV no final de semana?*)	

LEMBRE-SE

Você pronuncia os verbos de prefixos separáveis com a ênfase na primeira sílaba, que é o prefixo.

A Tabela 7–5 mostra como a forma do particípio passado. Note que incluí **ist** antes dos que precisam do infinitivo **sein**.

TABELA 7-5   **Verbos com Prefixos Separáveis**

Infinitivo	Particípio Passado	Infinitivo	Particípio Passado
anfangen (*começar*)	**angefangen** (*começado*)	**mitbringen** (*trazer*)	**mitgebracht** (*trazido*)
ankommen (*chegar*)	**ist angekommen** (*chegado*)	**mitmachen** (*participar*)	**mitgemacht** (*participado*)
anrufen (*chamar*)	**angerufen** (*chamado*)	**stattfinden** (*acontecer*)	**stattgefunden** (*acontecido*)

(continua)

CAPÍTULO 7 **Voltando ao Passado**   117

(continuação)

aufgeben (desistir)	**aufgegeben** (desistido)	**vorhaben** (planejar)	**vorgehabt** (planejado)
aussehen (parecer)	**ausgesehen** (parecido)	**zurückgehen** (rejeitar, retornar)	**ist zurückgegangen** (rejeitado, retornado)
einkaufen (comprar)	**eingekauft** (comprado)	**zusammenfassen** (resumir)	**zusammengefasst** (resumido)
einladen (convidar)	**eingeladen** (convidado)	**zusammenkommen** (reunir)	**ist zusammengekommen** (reunido)
fernsehen (assistir à TV)	**ferngesehen** (assistido à TV)		

Juntando-se com os prefixos inseparáveis

LEMBRE-SE

Com verbos de prefixos inseparáveis, o particípio passado pode ter uma terminação verbal forte (**-en**) ou fraca (**-t** ou **-et**), mas o resto é relativamente fácil. Para ajudá-lo a distingui-los de seus homólogos de prefixos separáveis, lembre-se destas três características:

» O prefixo sempre fica com o resto do verbo, incluindo o particípio passado (por isso a parte inseparável no nome).

» Você não adiciona o prefixo **ge-** ao particípio passado.

» Você não enfatiza o prefixo. Dê uma olhada no infinitivo **erken'nen** (reconhecer) e em seu particípio passado **erkannt'** (reconhecido).

Você une o presente perfeito de verbos de prefixos inseparáveis conjugando **haben** no presente e adicionando o particípio passado. Confira a conjugação de **bekommen** (pegar, receber).

bekommen (pegar, receber)	
ich **habe bekommen**	wir **haben bekommen**
du **hast bekommen**	ihr **habt bekommen**
er/sie/es **hat bekommen**	sie **haben bekommen**
Sie **haben bekommen**	
Warum **hast** du die Zeitung heute nicht **bekommen?** (Por que você não pegou o jornal hoje?)	

A Tabela 7-6 é uma lista de alguns verbos de prefixos inseparáveis com seus particípios passados. Note o quão similares são as duas formas dos verbos — na verdade, algumas são exatamente iguais.

TABELA 7-6 Verbos com Prefixos Inseparáveis

Infinitivo	Particípio Passado	Infinitivo	Particípio Passado
beantworten (responder)	beantwortet (respondido)	gebrauchen (usar, fazer uso de)	gebraucht (usado, feito uso de)
bekommen (pegar, receber)	bekommen (pego, recebido)	gefallen (gostar)	gefallen (gostado)
besuchen (visitar)	besucht (visitado)	gehören (pertencer a)	gehört (pertencido a)
bezahlen (pagar)	bezahlt (pago)	gewinnen (ganhar)	gewonnen (ganhado)
erkennen (reconhecer)	erkannt (reconhecido)	missverstehen (entender mal)	missverstanden (entendido mal)
erklären (explicar)	erklärt (explicado)	vergessen (esquecer)	vergessen (esquecido)
erzählen (dizer)	erzählt (dito)	verlieren (perder)	verloren (perdido)

Lidando com verbos terminados em -ieren

Os verbos **-ieren** são incomuns por várias razões. Primeiro, terminam em **-ieren**, diferente dos verbos principais, que terminam em **-en**. Além disso, formam o particípio passado sem **ge-**, mas com **-t** no final.

DICA

Você normalmente reconhecer os significados de verbos **-ieren**.

LEMBRE-SE

Ao formar o presente perfeito com verbos **-ieren**, tudo o que precisa saber é o seguinte:

» Você forma o particípio passado sem **ge-**.
» Você sempre forma o particípio passado com **-t**.

Veja como é fácil usar esses verbos:

» **fotografieren** (*fotografar*): **Der Journalist hat die Demonstration fotografiert.** (*O jornalista fotografou a demonstração.*)

» **dekorieren** (*decorar*): **Vor dem Neujahrsfest haben wir das Wohnzimmer dekoriert.** (*Antes da festa de Ano-novo, nós decoramos a sala.*)

» **probieren** (*experimentar*): **Hast du die Torte schon probiert? Sie ist lecker!** (*Você já experimentou a torta? Está deliciosa!*)

Escrevendo com o Passado Simples

Em alemão, o tempo do verbo de escolha ao narrar fatos ou ficção é o passado simples — por exemplo, **er ging** (*ele foi*), **wir mussten** (*nós tivemos que*), ou **ich sprach** (*eu falei*).

DIFERENÇAS

As aplicações do passado simples são bem diferentes quando você compara o alemão com o português.

» O alemão tende a usar o passado simples na linguagem escrita, especialmente em jornais, livros, textos, narração de histórias e até contos de fadas. O português usa o passado simples na linguagem falada e escrita.

» Em alemão, o passado simples também é um meio de descrever eventos passados não conectados ao presente. O português, por outro lado, usa-o para descrever uma ação que foi completada no passado, frequentemente com uma referência: *mês passado, em 2010* ou *quando eu tinha 23*.

A forma verbal do passado simples não é difícil de dominar. Você só precisa saber que existem vários tipos de terminações de acordo com a categoria em que o verbo se encaixa:

» Verbos regulares, também chamados de *verbos fracos*

» Verbos irregulares, também conhecidos como *verbos fortes*

> » Outros verbos irregulares, como **sein**, **haben** e os auxiliares modais, também chamados de *verbos ajudantes*

Nota: Uma quarta categoria de verbos, os verbos de prefixos separáveis, inclui verbos que têm um prefixo, como **ab-**, ou uma preposição, como **mit-**, na frente do verbo; esses verbos podem ser regulares ou irregulares. O prefixo está separado quando você conjuga o verbo e geralmente, localizado no fim da frase. Dois exemplos são **abfahren** (*partir*) e **mitkommen** (*vir junto*).

Nas próximas seções, explico como conjugar verbos *regulares* (fracos) e *irregulares* (fortes) no passado simples.

Criando o passado simples com verbos (fracos) regulares

Verbos regulares são aqueles que não têm mudança na raiz entre o presente e o passado simples. Por exemplo, a raiz do presente de **wohnen** é **wohn-**. As terminações são o que fazem a diferença entre os dois tempos.

LEMBRE-SE

Eis como formar o passado simples de verbos regulares:

1. Retire o **-en** do infinitivo.

2. Adicione **-te**, ao qual me refiro como o *indicador do tempo* **-te**.

3. Acrescente as terminações adicionais (com exceção das formas **ich** e **er/sie/es**, que não têm outra além de **-te**). As terminações são as seguintes: nada, **-st**, nada, **-n**, **-t**, **-n** e **-n**.

Compare o presente e o passado simples do verbo **wohnen** (*morar*). A forma presente está entre parênteses depois do passado simples.

wohnen (*morar*) — Passado Simples (Presente)	
ich woh**nte** (wohn**e**)	wir wohn**ten** (wohn**en**)
du wohn**test** (wohn**st**)	ihr wohn**tet** (wohn**t**)
er/sie/es wohn**te** (wohn**t**)	sie wir wohn**ten** (wohn**en**)
Sie wohn**ten** (wohn**en**)	
Ich **wohnte** in Dortmund. (*Eu morava em Dortmund.*)	

CAPÍTULO 7 **Voltando ao Passado** 121

Um segundo grupo de verbos regulares inclui aqueles com uma raiz terminando em **-d** ou **-t**. (Note que alguns verbos com a raiz terminada em **-fn** ou **-gn** também caem nessa categoria.) Com esses verbos, você coloca um **e** adicional na frente do indicador de tempo **-te**. Pegando **arb- eiten** (*trabalhar*) como exemplo, você forma o passado simples desta forma: **ich arbeit + e + -te = ich arbeitete**.

arbeiten (*trabalhar*) — Passado Simples (Presente)	
ich arbeit**ete** (arbeit**e**)	wir arbeit**eten** (arbeit**en**)
du arbeit**etest** (arbeit**est**)	ihr arbeit**etet** (arbeit**et**)
er/sie/es arbeit**ete** (arbeit**et**)	sie arbeit**eten** (arbeit**en**)
Sie arbeit**eten** (arbeit**en**)	
Du **arbeitetest** sehr schnell. (*Você trabalhou muito rápido.*)	

Criando o passado simples com verbos (fortes) irregulares

O grupo de verbos nesta seção é chamado de *irregular* porque, diferente dos regulares, esses verbos têm uma variedade de mudanças de vogal no passado simples. As mudanças podem ser de simplesmente uma vogal, como de **i** para **a**; com o verbo irregular **beginnen** (*começar*), a raiz do passado simples é **begann** (*começou*).

LEMBRE-SE

» Esses verbos não têm terminações nas formas **ich** e **er/sie/es**.

» As outras terminações, para **du**, **wir**, **ihr**, **sie** e **Sie**, são as mesmas que as terminações do presente. As terminações são nada, **-st**, nada, **-en**, **-t**, **-en** e **-en**.

beginnen (*começar*)	
ich begann	wir begann**en**
du begann**st**	ihr begann**t**
er/sie/es begann	sie begann**en**
Sie begann**en**	
Er **begann** zu laufen. (*Ele começou a correr.*)	

Alemão Essencial Para Leigos

Para sua sorte, o alemão tem um número razoavelmente pequeno de verbos irregulares para você se preocupar ao conjugar o passado simples. A Tabela 7–7 lista os verbos irregulares em alemão.

TABELA 7-7 **Passado Simples de Verbos Irregulares**

Infinitivo	Passado Simples (Forma er/ sie/es)	Infinitivo	Passado Simples (Forma er/ sie/es)
beginnen (começar)	**begann** (começou)	**lassen** (deixar, permitir)	**ließ** (deixou, permitiu)
essen (comer)	**aß** (comeu)	**liegen** (deitar)	**lag** (deitou)
fallen (cair)	**fiel** (caiu)	**reiten** (andar [a cavalo ou de bicicleta])	**ritt** (andou)
finden (encontrar)	**fand** (encontrou)	**schwimmen** (nadar)	**schwamm** (nadou)
fliegen (voar)	**flog** (voou)	**sehen** (ver)	**sah** (viu)
geben (dar)	**gab** (deu)	**singen** (cantar)	**sang** (cantou)
gehen (ir)	**ging** (foi)	**sitzen** (sentar)	**saß** (sentou)
halten (parar)	**hielt** (parou)	**sprechen** (falar)	**sprach** (falou)
kommen (vir)	**kam** (veio)	**trinken** (beber)	**trank** (bebeu)

CAPÍTULO 7 **Voltando ao Passado** 123

124   Alemão Essencial Para Leigos

NESTE CAPÍTULO

Descrevendo o futuro com o presente

Formando verbos no futuro

Mantendo o tempo, o modo e o lugar em ordem

Capítulo 8

Focando o Futuro

Você provavelmente acha que o futuro é um tempo verbal associado na linguagem coloquial com a construção *ir* + um verbo (como em *Eu vou atender à porta*). Na verdade, o português tem várias maneiras de expressar o futuro, mas no alemão, o caminho é mais fácil. Por quê? Porque em várias situações, é possível evitar usar o futuro no geral, mesmo quando descreve um evento futuro. Na verdade, o alemão usa o futuro com muito menos frequência que o português. Este capítulo discute essas situações em que você usa o futuro no alemão, para que saiba como formá-lo e quando usá-lo. Este capítulo também mostra o quanto o tempo presente do alemão é versátil para situações em que o português usa várias construções do tempo futuro.

Usando o Presente para Expressar o Futuro

Em geral, não é preciso usar o futuro em alemão quando o contexto deixa claro que a ação descreve algo no futuro. Imagine que você esteja em pé em uma plataforma do metrô e que o trem está chegando à estação. Você tem seis malas e um braço quebrado, e alguém atrás de você diz **Ich helfe Ihnen** (Literalmente: *Eu ajudo você*). Como alguns casos em português, é possível usar o presente com sentido de futuro. Este voluntário alemão não tem problema com a gramática; ele é um anjo falando um alemão perfeito.

DIFERENÇAS

O português tem quatro maneiras de expressar o futuro, em oposição a apenas duas do alemão. Além disso, o uso do futuro no alemão é muito menos frequente. Veja abaixo uma comparação entre o futuro no português e no alemão:

» Primeiro, há o presente usado para cronogramas, como planos de viagens. É igual no alemão: **Die Maschine startet um 7.40 Uhr.** (*O avião parte às 7h40.*)

» Em seguida, há o futuro com *ir*, *ir* + verbo no infinitivo, como em *Nós vamos visitar meus primos neste final de semana*, que não existe em alemão. Você normalmente usa o presente em alemão; por exemplo: **Im Sommer fahre ich mit meinem Mann nach Schweden.** (*No verão, eu vou dirigir para a Suécia com meu marido.* Literal: *No verão, eu dirijo para a Suécia com meu marido.*)

» O português também usa o *presente contínuo* — *estar* + verbo com final *-ndo*, como em *Estou levando o cachorro para passear* — que não existe em alemão; você geralmente usa o presente em alemão para essas situações. Veja este exemplo: **Wir bleiben am Wochenende zu Hause.** (*Nós estaremos ficando em casa no final de semana.* Literal: *Nós ficamos em casa no final de semana.*)

» E sobra a forma verbal do futuro *irei*, que é equivalente ao alemão **werden** (*irei*) + *verbo infinitivo* usado para expressar o futuro. O uso é menos frequente em alemão porque o presente pode substituir o futuro *irei* em vários casos. (Confira a seção "Falando sobre o Futuro com Werden" para saber mais sobre usar **werden** para expressar o futuro.)

As seções seguintes examinam mais de perto como o alemão usa o presente para expressar ações futuras.

Sabendo quando usar o tempo presente

Em português, você encontra todos os tipos de situações que requerem o futuro. Mas, em alemão, pode falar sobre essas mesmas situações simplesmente usando o presente, especialmente quando está claro que pretende expressar o futuro. (O Capítulo 3 trata unicamente do presente, se precisar revisar.)

Os exemplos a seguir oferecem uma visão geral da gama de situações em que o alemão usa o presente para expressar o futuro. Entretanto, em português, você geralmente usa o futuro quando inclui uma expressão que se refere ao futuro, como *semana que vem.*

> **Vielleicht ruft er morgen an.** (*Talvez ele ligue amanhã.*) **Morgen** (*amanhã*) é um advérbio de tempo que expressa futuro.

> **Dieses Wochenende besuchen wir meine Kusinen.** (*Visitaremos meus primos este final de semana.*) **Dieses Wochenende** (*este final de semana*) refere-se ao final de semana iminente.

> **Ich bleibe heute etwas länger im Büro.** (*Ficarei um pouco mais no escritório hoje.*) A referência a **heute** (*hoje*) em conexão com **länger** (*um pouco mais*) indica hoje mais tarde.

> **Ich glaube/Ich denke, ich bleibe zu Hause.** (*Acho que ficarei em casa.*) O alemão usa o presente aqui, mas o português expressa uma decisão espontânea (*Acho que ficarei...*) com o futuro.

> **Ich vergesse nicht/Ich werde nicht vergessen.** (*Não esquecerei.*) Em português, você usa o futuro para uma promessa, ou a construção com o auxiliar ir. (Se você diz *Eu não esqueço*, é uma declaração factual, não uma promessa.) Em alemão, há ambas as opções.

CAPÍTULO 8 **Focando o Futuro** 127

Inserindo expressões de tempo futuro

Quando você fala sobre eventos futuros em português, frequentemente inclui expressões com sentido de futuro junto às formas verbais. O alemão também usa uma ampla gama de expressões de tempo futuro, como **heute Abend** (*esta noite*) ou **morgen früh** (*amanhã de manhã*). Eis a boa notícia: essas expressões de futuro frequentemente aparecem em combinação com o tempo presente.

Dê uma olhada em algumas expressões de tempo comuns:

> » **am Anfang der Woche** (*no começo da semana*)
>
> » **am Dienstag** (*na terça-feira*)
>
> » **diese Woche** (*esta semana*)
>
> » **dieses Jahr** (*este ano*)
>
> » **dieses Wochenende** (*este final de semana*)
>
> » **heute** (*hoje*)
>
> » **heute Abend** (*esta noite*)
>
> » **heute Morgen** (*esta manhã*)
>
> » **im Frühling** (*na primavera*)
>
> » **in vier Monaten** (*em quatro meses*)
>
> » **in vier Stunden** (*em quatro horas*)
>
> » **morgen** (*amanhã*)
>
> » **morgen früh** (*amanhã de manhã*)
>
> » **morgen Nachmittag** (*amanhã à tarde*)
>
> » **nächsten Dienstag** (*na próxima terça-feira*)
>
> » **nächste Woche** (*semana que vem*)
>
> » **übermorgen** (*depois de amanhã*)

LEMBRE-SE

Podem-se expressar eventos futuros simplesmente com uma expressão de futuro e um verbo no presente — exemplo: **Ich fliege nächste Woche nach Frankfurt.** (*Viajo para Frankfurt semana que vem.*)

Falando sobre o Futuro com Werden

LEMBRE-SE

Quando você não faz menção específica sobre quando algo acontecerá, geralmente usa **werden** para expressar o futuro.

As próximas seções mostram como conjugar o futuro e usá-lo corretamente em diferentes circunstâncias.

Formando o futuro

Para formá-lo, você conjuga o verbo auxiliar **werden** e adiciona a forma infinitiva do verbo que deseja expressar no tempo futuro: **Ich werde bald nach Hause gehen.** (*Logo irei para casa.*) Nesse contexto, **werden** significa *irei*. Note que a forma infinitiva, **gehen**, está no final da sentença.

werde gehen (*irei*)	
ich **werde** gehen	wir **werden** gehen
du **wirst** gehen	ihr **werdet** gehen
er/sie/es **wird** gehen	sie **werden** gehen
Sie **werden** gehen	
Ich **werde** bald nach Hause gehen. (*Logo irei para casa.*)	

LEMBRE-SE

Werden é um verbo capcioso. Quando usado como auxiliar para expressar o futuro, significa *irei*. No entanto, quando **werden** é o verbo principal, significa *tornar* ou *pegar:* **Wir werden immer älter.** (*Estamos sempre nos tornando mais velhos.*)

DIFERENÇAS

Quando algumas pessoas veem **will**, em alemão, igualam a **werden**. Cuidado — *will* pode parecer semelhante, mas é outra coisa:

Ich will nach Hause gehen. (*Eu quero ir para casa.*) **Will** vem de **wollen:** *querer*. É um verbo auxiliar, ou seja, modifica o principal. (Para saber mais sobre **wollen**, veja o Capítulo 4.)

Ich werde nach Hause gehen. (*Irei/estou indo para casa.*)

Usando o futuro adequadamente

Os falantes de alemão usam o futuro com **werden** para expressar ações futuras quando:

> » Presumem, esperam ou supõem se algo acontecerá ou não
> » Enfatizam uma intenção
> » Dão recomendações ou um aviso severo
> » Discutem probabilidades

As seções a seguir lhe mostram como usar **werden** adequadamente em cada uma dessas situações.

Presumindo, esperando, supondo

Para expressar que presume, espera ou supõe que algo acontecerá, em alemão você usa o futuro **werden**. É como se estivesse injetando os próprios sentimentos sobre algum evento futuro na frase. Os exemplos a seguir indicam tais situações:

> » **Ich denke, wir werden ein erholsames Wochenende zu Hause haben.** (*Eu acho que teremos um final de semana tranquilo em casa.*)
> » **Sie werden das Fußballspiel wohl gewinnen.** (*Eles provavelmente vencem o jogo de futebol.*)
> » **Ich hoffe, sie wird nicht zu spät kommen.** (*Eu espero que ela não chegue muito tarde.*)

DIFERENÇAS

Note que, em alemão, ao usar os verbos **denken** (*pensar/achar*) e **hoffen** (*esperar*), você coloca uma vírgula depois do verbo, e então a segunda frase.

Falantes de alemão também usam o futuro **werden** para enfatizar que algo *não* acontecerá. Você pode expressar um resultado negativo sobre um evento de duas maneiras: **werden** + **nicht** (*não irá*) e **werden** + **kein** (*não irá*). O uso dependerá do que você vai negar.

» **Nicht** geralmente nega um verbo: **nicht gehen** (*não irá*). Também pode negar um adjetivo, como **nicht lustig** (*não é engraçado*), ou um advérbio, como **nicht pünktlich** (*não há tempo*). **Nicht** não tem terminações de caso ou gênero. Eis alguns exemplos de **nicht** em ação:

Ich werde nicht hier bleiben. (*Eu não fico aqui.*) **Nicht** nega a informação **hier bleiben.**

Wir werden morgen nicht nach Hause fahren. (*Não dirigimos para casa amanhã.*) **Nicht** nega a informação **nach Hause fahren.**

» **Kein** nega um substantivo, como em **keine Zeit** (*sem tempo*). Tem terminações de caso e gênero.

Meine Freunde werden kein Geburtstagsfest für mich organisieren. (*Meus amigos não organizarão uma festa de aniversário para mim.*) **Kein** nega **Geburtstagsfest;** substitui **ein. Kein** está no caso acusativo.

Silke studiert sehr fleißig, aber sie wird später keine erfolgreiche Dolmetscherin sein. (*Silke está estudando muito, mas mais tarde não será uma intérprete de sucesso.*) **Keine** nega **Dolmetscherin;** substitui **eine. Keine** está no caso nominativo.

Vá ao Capítulo 6 para ver mais detalhes sobre o uso de **nicht** e **kein**.

Enfatizando intenções

Quando falantes de alemão querem colocar ênfase ao expressar suas intenções sobre fazer algo, usam o futuro com **werden**. Dê uma olhada nos exemplos a seguir:

» **Ich werde einen fantastischen Urlaub in den Bergen Italiens verbringen.** (*Eu terei férias fantásticas nas montanhas da Itália.*)

» **Du wirst mir eine Postkarte aus Brixen schicken, oder?** (*Você me enviará um cartão-postal de Brixen, não é?*)

» **Ich werde sicherlich nicht vergessen.** (*Tenho certeza que não esquecerei.*)

CAPÍTULO 8 **Focando o Futuro**

Dando recomendações

Dar recomendações ou avisos severos é outra situação em que o falante de alemão usa o futuro **werden**. Entretanto, expressar recomendações ou avisos é diferente de dar uma ordem. Em alemão, como em português, o imperativo, que é o mesmo que dar uma ordem, tem uma forma diferente. Para mais informações sobre o imperativo, veja o Capítulo 9. Confira estes três exemplos sobre dar recomendações:

> » **Du wirst jetzt ruhig sein!** (*Fique quieto agora./Você ficará quieto agora!*)
>
> » **Sie werden jetzt ganz still sein!** (*Fique totalmente quieto agora./Você ficará totalmente quieto agora!*)
>
> » **Ihr werdet sofort aufhören!** (*Parem imediatamente./Vocês vão parar imediatamente!*)

LEMBRE-SE

Sempre que tiver um verbo de duas partes (como nos exemplos anteriores), você divide as duas partes do verbo no alemão. O primeiro verbo, nesses casos, é o futuro **werden**, e aparece normalmente no segundo lugar da frase, enquanto o outro verbo, que é a forma infinitiva, aparece no final.

Expressando probabilidade

Quando não tiver certeza absoluta se alguma coisa acontecerá ou não no futuro, você usa expressões para descrever probabilidade. Caso esteja confiante de que seu time favorito ganhará o jogo, mas não tem 100% de certeza, pode incluir palavras que expressem probabilidade junto ao tempo futuro. Aqui estão algumas expressões comuns:

> » **wohl** (*provavelmente, sem dúvida, ter certeza*): **Wohl** expressa uma probabilidade muito alta.
>
> » **sicher** (*provavelmente, definitivamente, certamente*): **Sicher** expressa uma probabilidade muito alta.
>
> » **schon** (*provavelmente*): **Schon** expressa um grau de probabilidade razoável. Essa palavra evasiva também significa

> *já* ou *ainda*, ou pode enfatizar que você está bem ciente de um evento ou de um fato.

Confira alguns exemplos:

> **Die Haffenreffers werden wohl eine neue Garage bauen.** (*Os Haffenreffers provavelmente construirão uma garagem nova.*)
>
> **Leander Haffenreffer wird sicher ein neues Auto kaufen.** (*Leander Haffenreffer provavelmente comprará um carro novo.*)
>
> **Der Nachbar der Haffenreffers wird schon ein riesengroßes Schwimmbecken bauen.** (*O vizinho dos Haffenreffers provavelmente construirá uma piscina gigante.*)

Lembrando-se da Ordem Certa das Palavras

LEMBRE-SE

A ordem das palavras em alemão para informações relativas a descrições de acontecimentos, quando, como e onde, normalmente é *tempo*, *modo* e *lugar*. A informação que tem a ver com *tempo* indica quando algo acontece, os detalhes atinentes ao *modo* têm a ver com o como, e, quando fala sobre *lugar*, você lida com o onde da ação.

Veja o desmembramento da ordem das palavras para uma sentença comum em alemão:

1. Sujeito + verbo ativo: **Ich fahre** (*Estou viajando*).

2. Tempo (quando): **morgen Nachmittag** (*amanhã à tarde*).

3. Modo (como): **mit dem Zug** (*de trem*).

4. Lugar (onde): **nach Hamburg** (*para Hamburgo*).

Juntando tudo, a frase se parece com isso: **Ich fahre morgen Nachmittag mit dem Zug nach Hamburg.** (*Pegarei o trem para Hamburgo amanhã à tarde.*)

DICA

Ao formar uma frase com uma expressão de tempo, como **am Mittwoch** (*na quarta-feira*) ou **morgen** (*amanhã*), bem como de modo ou lugar, você pode querer especificar *quando* algo acontecerá.

Nesse caso, basta colocar a expressão de tempo bem no começo da frase, seguida por verbo e sujeito. Colocar a expressão de tempo no início da sentença também é mais fácil se você tiver problemas de lembrar a ordem correta do trio tempo, modo e lugar. Desse modo, já tendo cuidado do tempo, só precisa lembrar que o modo vem antes do lugar.

LEMBRE-SE

Sempre que lidar com a questão da ordem das palavras, lembre-se de que, em alemão, o verbo conjugado ativo geralmente aparece em segundo lugar na frase.

As frases de exemplo a seguir mostram quando várias atividades ocorrem. Você vê todas as quatro frases em alemão primeiro no presente e, depois, no futuro. Ambas são possíveis, mas os falantes de alemão normalmente optam pelo presente em frases que indicam que algo acontecerá no futuro, como em *na terça-feira* ou *depois de amanhã*. Note a diferença na ordem das palavras para as duas partes do verbo quando o futuro **werden** é usado.

Ich fliege am Dienstag nach Graz. Ich werde am Dienstag nach Graz fliegen. (*Eu viajarei para Graz na terça-feira.*)

Ich denke, ich arbeite dieses Wochenende zu Hause. Ich denke, ich werde dieses Wochenende zu Hause arbeiten. (*Eu acho que trabalharei em casa neste final de semana.*)

Übermorgen habe ich einen Termin mit einem neuen Kunden. Übermorgen werde ich einen Termin mit einem neuen Kunden haben. (*Depois de amanhã, eu tenho um compromisso com um novo cliente.*) **Ubermorgen** está no início, então o verbo conjugado vem em segundo lugar, seguido pelo sujeito.

Heute Abend telefoniere ich mit dem chinesischen Lieferanten. Heute Abend werde ich mit dem chinesischen Lieferanten telefonieren. (*Esta tarde, eu ligarei para o fornecedor chinês.*) O elemento de tempo **heute Abend** está em primeiro lugar, então o verbo conjugado vai em segundo, seguido pelo sujeito.

> **NESTE CAPÍTULO**
>
> **Expressando pensamentos e ordens com o modo imperativo**
>
> **Dando uma olhada no modo subjuntivo**
>
> **Usando o presente e o passado do subjuntivo**

Capítulo 9

Entendendo Modos Verbais

U m *modo*, em termos de linguagem (em oposição a termos emocionais), é a maneira pela qual o interlocutor percebe uma ação. Verbos do alemão têm três tipos de modos:

» O *modo indicativo* declara um fato ou lida com uma situação real, e requer o presente, o passado ou o futuro. (Veja os Capítulos 3, 7 e 8 para informações sobre esses tempos.)

» O *modo imperativo* é a forma de ordem/comando.

> O *modo subjuntivo* expressa ações e pensamentos não relevantes, hipotéticos ou similares ao "irreal". O alemão tem dois tipos de grupos subjuntivos. Você usa o subjuntivo II para descrever situações irreais, que são hipotéticas, improváveis, incertas, potenciais, prováveis ou duvidosas e para fazer desejos e pedidos educados. Você usa o subjuntivo I principalmente na forma escrita como meio de expressar o discurso indireto. (O discurso indireto é dizer o que alguém disse sem usar aspas; é uma maneira de evitar a responsabilidade por citar alguém de forma errônea.)

Este capítulo é um manual sobre o modo imperativo, bem como sobre o subjuntivo.

Dando Ordens com o Imperativo

Quando quiser dar ordens a alguém para fazer alguma coisa, você usa a forma *imperativa*, também chamada de forma *de comando*. No entanto, você também pode usar o imperativo em outras situações, como para dar instruções, oferecer encorajamento, fazer sugestões e persuadir pessoas. As seções seguintes o familiarizam com as três formas do modo imperativo e mostram como usá-lo.

Observando as três formas imperativas

Ao falar para alguém fazer alguma coisa, usamos o imperativo. É preciso garantir o uso da forma verbal e da pontuação corretas para que a pessoa com quem fala o compreenda. (Entretanto, isso ainda não significa que ela fará o que você diz.)

DIFERENÇAS

O português tem uma forma verbal para o imperativo (*pare* aqui, por favor; *pegue* uma caneta para mim, por favor; *vá* para casa; *cuidado!*). Você pode estar falando com uma pessoa, várias pessoas, um motorista de ônibus, um amigo ou com o cachorro do seu vizinho. O alemão, no entanto, tem três formas, e seu uso depende de com quem você fala. As três formas imperativas correspondem aos três pronomes que representam *você* — **Sie**, **ihr** e **du**. A Tabela 9–1 mostra exemplos das três e explica como formar os verbos.

TABELA 9-1 As Três Formas Imperativas de Você do Alemão

Pronome alemão	Tradução	Exemplo de Frase em Alemão	Tradução	Como Formar o Verbo
Sie	você(s) (formal; singular ou plural)	**Zeigen Sie mir, bitte!** (zeigen)	Por favor, me mostre.	O mesmo que a forma presente **Sie**
ihr	vocês (informal)	**Öffnet bitte die Fenster!** (öffnen)	Por favor, abram as janelas.	O mesmo que a forma presente **ihr**
du	você (informal)	**Fahr vorsichtig!** (fahren)	Dirija com cuidado.	Raiz de um verbo

LEMBRE-SE

Normalmente, a forma imperativa **du** é bem direta: simplesmente use a raiz do verbo (por exemplo, **geh** [vai]). Mas existem algumas exceções do imperativo **du**:

» Em verbos com raiz terminada em **-d** ou **-t**, você frequentemente *não* retira o **-e**: **arbeite** (*trabalha*).

» Se o verbo tem uma mudança na vogal da raiz, o imperativo tem esta mudança na vogal: **essen = iss** (*come*). (Veja o Capítulo 3 para verbos com mudanças na vogal da raiz.)

O verbo **sein** (*ser*) é irregular (claro!) no imperativo:

» Forma **Sie**: **seien Sie**
» Forma **ihr**: **seid**
» Forma **du**: **sei**

Usando o imperativo

LEMBRE-SE

Ao escrever uma ordem em alemão, coloque um ponto de exclamação no final da frase. O ponto de exclamação é simplesmente um elemento gramatical da forma imperativa, assim como o de interrogação pertence ao final de uma pergunta.

O uso deliberado de pontos de exclamação na pontuação alemã como meio de sinalizar um aviso pode ser um pouco assustador no começo. **Rasen nicht betreten!** (*Não ande na grama*) pode parecer ameaçador, mas o ponto de exclamação está ali para chamar sua atenção à placa, para que você a reconheça como uma orientação à qual precisa aderir. Gramaticalmente falando, o formato de **Rasen nicht betreten!** é um imperativo, mas é a forma infinitiva do verbo que você vê com mais frequência em placas.

Em alguns casos, o imperativo fica entre pedir e mandar alguém fazer alguma coisa. Perguntas e ordens têm uma ordem invertida das palavras, com o verbo primeiro, seguido pelo sujeito. Veja esta pergunta: **Können Sie das bitte machen?** (*Você poderia fazer isso, por favor?*) Você está pedindo para alguém fazer alguma coisa, então geralmente formula seu pedido com mais educação, usando um verbo auxiliar, como **können** (*poderia*). Além disso, acaba o pedido com um tom ascendente na voz. Em contraste, quando diz a alguém para fazer algo de maneira mais direta, mas educada, você faz um pedido, como **Machen Sie das, bitte** (*Por favor, faça isso*). Sua voz abaixa naturalmente no fim.

> **Können Sie mir bitte helfen?** (*Você poderia me ajudar, por favor?*) A forma interrogativa, **können**, e **bitte** indicam que você está pedindo (educadamente) a alguém para fazer algo.

> **Helfen Sie mir, bitte.** (*Por favor, me ajude/Me dê uma ajuda, por favor.*) A forma imperativa é um pedido em linguagem mais direta, mas **bitte** faz com que soe educado.

Outro uso do imperativo é para fazer sugestões. Ao referir-se a **wir** (*nós*) como pessoas que podem seguir a sugestão, o alemão se parece com isto: **Fahren wir Fahrrad.** (*Vamos andar de bicicleta.*) É a forma do verbo **wir** com a ordem invertida das palavras.

Compreendendo o Presente Subjuntivo II

Nesta seção, mostro duas maneiras de formar o presente subjuntivo II para fazer declarações hipotéticas, pedir alguma coisa e expressar desejos:

» A forma mais frequente do presente subjuntivo II é a construção de **würde** + infinitivo. Veja este exemplo: **Ich würde gern nach Hamburg fahren.** (*Eu gostaria de ir para Hamburgo.*) A maioria dos verbos usa essa construção em duas partes.

» O outro modo de formar o presente subjuntivo II é colocar o verbo principal na forma subjuntiva.

Formando o subjuntivo II com würde

A forma do presente subjuntivo II com **würde** + infinitivo tem muitos usos. Para fazer um pedido, você precisa se mostrar educado, especialmente quando pede para alguém fazer (ou não) alguma coisa; portanto, use esta forma — por exemplo, **Würden Sie mir bitte helfen?** (*Você me ajudaria, por favor?*).

LEMBRE-SE

A forma comum do presente subjuntivo, usando a construção **würde**, é fácil de lembrar. Ela usa a forma do passado simples do infinitivo **werden** (que se traduz como *irá* nesse contexto) mais um trema: **Wurde** muda para **würde**, o subjuntivo de **werden**, e se transforma no equivalente de *poderia* em português.

Veja a conjugação de **werden** na tabela verbal a seguir. Ela forma a construção subjuntiva de **würde** no presente. Você usa a forma subjuntiva de **werden** mais o verbo principal no infinitivo. Na tabela verbal, **arbeiten** (*trabalhar*) é o verbo principal.

würde arbeiten (subjuntivo: *trabalharia*)	
ich **würde** arbeiten	wir **würden** arbeiten
du **würdest** arbeiten	ihr **würdet** arbeiten
er/sie/es **würde** arbeiten	sie **würden** arbeiten
Sie **würden** arbeiten	
Ich **würde** gerne in Wien **arbeiten.** (*Eu gostaria [muito] de trabalhar em Viena.*)	

Eis alguns exemplos:

Würden Sie mir bitte mit meinem Koffer helfen? (*Você me ajudaria com minha mala, por favor?*) O interlocutor está fazendo um pedido educado.

Ich würde gerne nach Salzburg reisen. (*Eu adoraria viajar para Salzburgo.*) O interlocutor está sonhando em viajar para Salzburgo.

An deiner Stelle würde ich lieber den Kilimanjaro anschauen. (*Se eu fosse você, preferiria ver Kilimanjaro.*) O interlocutor está fazendo uma declaração hipotética com a condição *se eu fosse você*.

Os verbos modais auxiliares **dürfen, können, mögen, müssen, sollen** e **wollen**, bem como os auxiliares **haben** e **sein**, geralmente não usam a construção subjuntiva com **würde**.

Formando o subjuntivo II com outros verbos auxiliares

Falantes de alemão usam **haben** (*ter*) e **sein** (*ser*) com frequência no presente subjuntivo para expressar desejos, situações hipotéticas e coisas contrárias ao fato, como **ich hätte mehr Zeit** (*Eu teria mais tempo*) ou **es wäre einfacher** (*seria mais fácil*). Os verbos auxiliares modais usam o presente subjuntivo para expressar desejos e outras situações ao se combinarem com outros verbos na forma infinitiva — por exemplo: **Sie sollten vorsichtig fahren**. (*Vocês/eles deveriam dirigir com cuidado.*) (Veja o Capítulo 4 para mais informações sobre verbos auxiliares modais.) Todos esses verbos — mais alguns verbos fortes — assumem as mesmas terminações subjuntivas.

Haben e sein

Para formar o subjuntivo com **haben** (*ter*), comece com **hatte** (o passado simples), remova o **-e** e adicione um trema mais a terminação subjuntiva adequada: **-e, -est, -e, -en, -et, -en** ou **-en**.

hätte (subjuntivo: *teria*)	
ich hätt**e**	wir hätt**en**
du hätt**est**	ihr hätt**et**
er/sie/es hätt**e**	sie hätt**en**
Sie hätt**en**	
Ich **hätte** lieber ein umweltfreundliches Auto. (*Eu preferiria ter um carro ecológico.*)	

140   **Alemão Essencial Para Leigos**

Com **sein** (*ser*), para formar o presente subjuntivo, comece com **war** (o passado simples) e adicione um trema e a terminação subjuntiva adequada: **-e**, **-est**, **-e**, **-en**, **-et**, **-en** ou **-en**.

wäre (subjuntivo: *seria*)	
ich wär**e**	wir wär**en**
du wär**est**/wär**st**	ihr wär**et**
er/sie/es wär**e**	sie wär**en**
Sie wär**en**	
Wir **wären** sicher reich. (*Nós certamente seríamos ricos.*)	

Verbos auxiliares modais e outros verbos especiais

O alemão usa o presente subjuntivo II com verbos auxiliares modais (**dürfen, können, mögen, müssen, sollen** e **wollen**) com bastante frequência, e formar presente subjuntivo com esses verbos não é tão difícil. Só pegue o passado simples do verbo, adicione um trema se houver um no infinitivo e adicione as terminações subjuntivas adequadas: **-e**, **-est**, **-e**, **-en**, **-et**, **-en** ou **-en**. Apenas dois auxiliares modais — **sollen** e **wollen** — não têm trema no infinitivo. (Para detalhes sobre auxiliares modais, veja o Capítulo 4.)

könnte (subjuntivo: *poderia, seria capaz de*)	
ich könnt**e**	wir könnt**en**
du könnt**est**	ihr könnt**et**
er/sie/es könnt**e**	sie könnt**en**
Sie könnt**en**	
Sie **könnte** uns helfen. (*Ela poderia/seria capaz de nos ajudar.*)	

Nota: Embora todos os verbos tenham formas subjuntivas do verbo principal, apenas alguns são comuns no alemão informal escrito e falado. Esses verbos usam a forma subjuntiva do verbo principal em vez da construção **würde** + infinitivo. Os verbos que você provavelmente mais verá incluem **gehen** (*ir*), **heißen** (*ser chamado*),

tun (*fazer*), **werden** (*tornar*) e **wissen** (*saber [um fato]*). Esses verbos formam o subjuntivo como a seguir:

» Para verbos fortes, assim como com auxiliares modais, o presente subjuntivo é baseado no passado simples do verbo + trema (quando aplicável) + terminações subjuntivas **-e, -est, -e, en, -et, -en** e **-en** — por exemplo, **gehen** (*ir*) se transforma em **ginge** (*iria*).

» Para verbos fracos, o presente subjuntivo é o mesmo que o passado simples (você usa as mesmas terminações de passado simples) — por exemplo, **kaufen** (*comprar*) se transforma em **kaufte** (*compraria*).

Usando o presente subjuntivo II

No alemão cotidiano, o presente subjuntivo II é bem multitarefas. A seguir estão os usos mais importantes do presente subjuntivo II:

» **Descrever uma situação hipotética ou desejo:** Quando quer expressar uma situação hipotética ou um desejo que pode ou não ser satisfeito, você frequentemente imagina um cenário. O alemão usa o subjuntivo em tais situações:

Wenn ich nur etwas mehr Zeit hätte! (*Se ao menos eu tivesse um pouco mais de tempo!*) Você não tem mais tempo, deseja que tivesse. **Hätte** (*tivesse*) é a forma subjuntiva de **haben** (*ter*).

Ich wollte, ich hätte mehr Geschwister. (*Eu queria ter mais irmãos.*) Essa frase contém dois subjuntivos, **wollte** e **hätte**. Se quiser ser bem técnico, **ich wollte** significa *Eu desejaria*.

» **Descrevendo uma condição:** Você usa o subjuntivo para falar sobre uma condição contrária ao fato — por exemplo, quando está considerando o que faria (ou não) se algo que não é verdade, fosse.

Wenn du nicht idiot wärest/wärst, würde ich dich heiraten. (*Se você não fosse um idiota, eu me casaria com você.*) Os verbos **wärest/wärst** (*fosse*) e **würde** (*iria*) + infinitivo **heiraten** (*casar*), ambos são formas subjuntivas.

Wenn ich Zeit hätte, würde ich den Roman lesen. (*Se eu tivesse tempo, leria aquele romance.*) Ambos os verbos

142 Alemão Essencial Para Leigos

hätte (*tivesse*) e **würde** (*iria*) + infinitivo **lesen** (*ler*) são subjuntivos.

» **Fazendo um pedido educadamente:** Você usa o subjuntivo para fazer um pedido educado — por exemplo, quando está com fome e gostaria de comer algo:

Könnte ich noch ein Stück Fleisch nehmen? (*Eu poderia pegar mais um pedaço de carne?*) **Könnte** (*poderia*) é a forma subjuntiva de **können** (*poder, ser capaz de*), e usá-lo faz seu pedido soar educado.

Ich möchte die Speisekarte, bitte. (*Eu gostaria do menu, por favor.*) O subjuntivo **Ich möchte** (*Eu gostaria*) é a maneira educada de pedir comida, selecionar um item em uma loja, e assim por diante.

» **Expressar seus sentimentos e/ou opinião:** Quando você declara seus sentimentos ou expressa sua opinião sobre algo, frequentemente usa o subjuntivo no alemão:

Das wäre prima! (*Isso seria fantástico!*) Sua resposta animadora à sugestão de alguém inclui o subjuntivo **wäre** (*seria*).

Wir sollten diesen Käse probieren. (*Nós deveríamos experimentar este queijo.*) Você acha que algo seria uma boa ideia, então usa o subjuntivo. Aqui, o subjuntivo é **sollten** (*deveria*) + infinitivo **probieren** (*experimentar*).

Especulando com o Passado Subjuntivo II

O passado subjuntivo lida com ações passadas e eventos que podem ter acontecido no passado. Simplesmente se lembre de que o passado subjuntivo é formado assim:

» Presente subjuntivo de **haben** = **hätte** + particípio passado **(geholfen)** = **hätte (geholfen)**.

» Presente subjuntivo de **sein** = **wäre** + particípio passado **(gegangen)** = **wäre (gegangen)**.

CAPÍTULO 9 **Entendendo Modos Verbais** 143

As terminações para o presente subjuntivo são sempre as mesmas (nesse caso, você as adiciona a **hätt-** e **wär-**): **-e**, **-est**, **-e**, **-en**, **-et**, **-en** e **-en**.

Para usar o passado subjuntivo II, você só precisa de uma forma, comparada às três verbais passadas do modo indicativo. Veja estes exemplos:

> » **Er hätte uns geholfen.** (*Ele teria nos ajudado.*) Essa forma do passado subjuntivo II substitui as três frases indicativas no passado:
>
> **Er hat uns geholfen.** (*Ele nos ajudou/tem nos ajudado.*)
>
> **Er half uns.** (*Ele nos ajudou.*)
>
> **Er hatte uns geholfen.** (*Ele tem nos ajudado.*)
>
> » **Sie wäre gegangen.** (*Ela teria ido.*) Essa forma do passado subjuntivo II substitui três frases indicativas no passado:
>
> **Sie ist gegangen.** (*Ela foi.*)
>
> **Sie ging.** (*Ela foi.*)
>
> **Sie war gegangen.** (*Ela foi.*)

DICA

Para entender como colocar suas ideias no passado subjuntivo II, tente mudar ações passadas de fatos para uma situação hipotética; ou seja, comece com uma frase que descreva algo que aconteceu ou não (esse é o modo indicativo). Escreva-a em alemão — por exemplo, **Ich habe eine Katze gehabt.** (*Eu tinha um gato.*) Agora imagine que você não tinha um gato, mas que *teria tido* um se seus pais não tivessem alergia. Mude o verbo como um fato (*tinha*) para o passado subjuntivo (*teria tido*) ao mudar **habe** para **hätte**. Agora você tem **Ich hätte eine Katze gehabt.** (*Eu teria tido um gato.*)

Quando quiser expressar que está sonhando acordado (algo parecido com *Se ao menos...*), o verbo infinitivo que segue **hätte** vem como um pacote duplo, e um dos verbos é um verbo auxiliar modal — **dürfen**, **können**, **mögen**, **müssen**, **sollen** ou **wollen**. O propósito de adicionar o verbo auxiliar modal a outro verbo é expressar o que você *poderia ter tido permissão de fazer* (**hätte machen dürfen**), *poderia ter feito* (**hätte machen können**), e assim por diante.

LEMBRE-SE

A construção consiste no presente subjuntivo II, **hätte**. Os dois verbos infinitivos estão juntos no fim da frase, com o auxiliar modal em segundo lugar. Veja as duas frases de exemplo:

Ich hätte eine längere Reise machen können. (*Eu poderia ter feito/teria sido capaz de fazer uma viagem mais longa.*)

A ordem das palavras segue o procedimento padrão, com o verbo ativo **hätte** em segundo lugar. O verbo **machen** precede o auxiliar modal **können** no fim da frase.

Er hätte früher nach Hause fahren sollen. (*Ele deveria ter dirigido mais cedo para casa.*) A ordem das palavras segue o procedimento padrão, com o verbo ativo **hätte** em segundo lugar. O verbo principal **fahren** e o auxiliar modal **sollen** vão bem para o final da frase.

Lidando com o Subjuntivo I Usado no Discurso Indireto

O tipo de informação que você lê quando alguém escreve algo que outra pessoa disse, mas não está entre aspas, é chamado de *discurso indireto*. Jornalistas usam essa forma de escrita para evitar citar alguém diretamente. O discurso indireto liberta o escritor de assumir a responsabilidade pela precisão da declaração.

Nota: Em português e em alemão, você encontra essa forma subjuntiva quase exclusivamente na terceira pessoa do singular — **er** (*ele*), **sie** (*ela*), **es** (*isto*) — ou no plural **sie** (*eles*). Em suas raras aparições no português, pode ser uma frase (de certo modo, obsoleta) como *que assim seja*, ou invocar um poder maior: *Que o espírito do Natal esteja com você.*

Nas próximas seções, mostro como formar o presente e o passado subjuntivo I usado no discurso indireto.

Formando o presente subjuntivo I usado no discurso indireto

À medida que lê um jornal ou revista em alemão, você encontra uma forma do presente subjuntivo I que os escritores usam quando

querem reportar a declaração de outra pessoa. A informação —
uma citação indireta — pode ser uma opinião, um fato, um plano,
e assim por diante, como em **Sie meinte, sie habe nicht genug
Zeit.** (*Ela quis dizer que não tinha tempo suficiente.*) Você sempre usa
uma vírgula para separar a declaração indireta da pessoa que está
falando a informação.

Você forma o presente subjuntivo I ao pegar a raiz do infinitivo e
adicionar terminações do verbo subjuntivo: **-e**, **-est**, **-e**, **-en**, **-et**,
-en e **-en**. Todos os verbos seguem esse padrão, com exceção de:
sein (*ser*). Veja a tabela verbal mostrando **gehen** (*ir, andar*), pres-
tando uma atenção especial às formas da terceira pessoa comumente usadas. A raiz do infinitivo é **geh-**. As terminações são
indicadas em negrito.

gehe (presente subjuntivo I: *ir/andar*)	
ich geh**e**	wir geh**en**
du geh**est**	ihr geh**et**
er/sie/es geh**e**	sie geh**en**
Sie geh**en**	
Er sagte, er **gehe** nicht. (*Ele disse que não iria.*)	

A única exceção irregular para o presente subjuntivo I é o verbo
sein. Confira a tabela verbal a seguir.

sei (presente subjuntivo I: *sou/é/são/era/eram*)	
ich **sei**	wir **seien**
du **seist**	ihr **seiet**
er/sie/es **sei**	sie **seien**
Sie **seien**	
Sie sagte, es **sei** zu früh. (*Ela disse que era cedo demais.*)	

Nota: No discurso indireto em português, os jornalistas usam com
frequência o passado para descrever eventos que ainda possam
estar ocorrendo (para refletir que a declaração original se referiu
a eventos como estavam no momento do discurso). Assim, uso o
passado nas traduções em português.

146   **Alemão Essencial Para Leigos**

Veja estes exemplos do presente subjuntivo I:

Sie sagte, sie habe einen neuen Freund. (*Ela disse que tinha um namorado novo.*) **Habe** é a forma presente subjuntiva I de **haben**. Embora você diga *Ela disse que tinha...*, a informação (normalmente) tem um significado presente.

Der Rechtsanwalt sagte, er werde das Problem lösen. (*O advogado disse que resolveria o problema.*) **Werde** é a forma presente subjuntiva I de **werden**. Essa declaração expressa um evento futuro usando **werde + lösen**.

Formando o passado subjuntivo I usado no discurso indireto

O passado subjuntivo I é o modo subjuntivo que você encontra na imprensa para descrever ações que são o que outra pessoa disse sobre um evento no passado. O alemão usa esse passado subjuntivo para descrever três tempos passados: passado simples, presente perfeito e passado perfeito.

Você forma o passado subjuntivo I usando a forma conjugada adequada do presente subjuntivo de **haben** (*ter*) ou **sein** (*ser*) e adiciona o particípio passado (para informações sobre o particípio passado, veja o Capítulo 7). Todos os verbos seguem esse padrão. Veja a conjugação do passado subjuntivo I do verbo **wohnen** (*morar, residir*), que usa o auxiliar **haben**.

habe gewohnt (passado subjuntivo I: *morou*)	
ich **habe gewohnt**	wir **haben gewohnt**
du **habest gewohnt**	ihr **habet gewohnt**
er/sie/es **habe gewohnt**	sie **haben gewohnt**
Sie **haben gewohnt**	
Sie sagte, sie **habe** in einer kleinen Wohnung **gewohnt**. (*Ela disse que morou em um apartamento pequeno.*)	

Veja a conjugação do passado subjuntivo I de **gehen**, que usa o verbo auxiliar **sein**.

sei gegangen (passado subjuntivo I: *tinha ido*)	
ich **sei gegangen**	wir **seien gegangen**
du **seist gegangen**	ihr **seiet gegangen**
er/sie/es **sei gegangen**	sie **seien gegangen**
Sie **seien gegangen**	
Er sagte, er **sei** in die Stadt **gegangen**. (*Ele disse que tinha ido para a cidade.*)	

A seguir há exemplos do passado subjuntivo I em ação. O uso mais comum para o discurso indireto é relatar o que alguém disse.

Er sagte, er habe letzte Woche Golf gespielt. (*Ele disse que tinha jogado golfe na semana passada.*) Para formar o passado subjuntivo I, você combina **habe**, a forma do presente subjuntivo I de **haben**, com o particípio passado de **spielen: habe gespielt.**

Die Bundeskanzlerin sagte, sie sei nicht mit dem Verteidigungsminister geflogen. (*A Chanceler alemã disse que não tinha voado com o Secretário de Defesa.*) Para formar o passado subjuntivo I, você combina **sei**, a forma do presente subjuntivo I de **sein**, com o particípio passado de **fliegen: sei geflogen.**

148   Alemão Essencial Para Leigos

NESTE CAPÍTULO

Diferenciando verbos similares

Evitando erros ao se expressar

Capítulo 10
Dez Distinções Verbais Importantes

Este capítulo mostra algumas diferenças importantes entre verbos do alemão, e você vai descobrir algumas peculiaridades relevantes em alguns de seus verbos.

Bringen e Nehmen: Trazer e Levar

Bringen significa *trazer*, e ambos, **bringen** e **nehmen**, significam *levar*. **Nehmen** raramente se refere a levar alguém a algum lugar.

Jeden Tag bringt mir neue Ideen. (*Todos os dias me trazem novas ideias.*)

Morgen bringt sie ihren Sohn zum Arzt. (*Amanhã ela levará seu filho ao médico.*)

Nehmen Sie diese Tabletten mit einem Glas Wasser. (*Tome essas pastilhas com um copo d'água.*)

Quando você quer dizer que algo é inútil, a expressão coloquial é **Das bringt nichts.** (*É inútil.*)

Zahlen e Zählen: Pagar e Contar

Em relação à escrita, o trema é a única diferença entre os dois verbos, **zahlen** e **zählen**. Seus significados são mais distintos: **Zahlen** significa *pagar* e **zählen**, *contar*.

Zahlen, bitte! (*Eu gostaria de pagar, por favor.*) É isso que você diz em um restaurante quando quer pedir a conta ao garçom.

Sind alle Kinder hier? Zählen wir sie. (*Todas as crianças estão aqui? Vamos contá-las.*)

Heib, Kalt, Satt e Voll: Sentir-se com Calor, com Frio, Satisfeito e Bêbado

Para descrever como se sente em relação ao clima, você diz:

Mir ist heiß. (*Estou com calor.*)

Mir ist kalt. (*Estou com frio.*)

Você provavelmente quer evitar dizer algo como **Ich bin heiß** (*Sou quente*) ou **Ich bin kalt** (*Sou frio*). Essas expressões significam que você está excitado ou tem uma personalidade fria!

Na mesa de jantar, pode querer recusar um segundo pedaço de torta. Em tal situação, você diz:

Ich bin satt (*Estou cheio*) em uma situação informal. Caso contrário, um simples **Nein, danke** (*Não, obrigado*) é adequado.

Ich bin voll (*Estou cheio*) significa que você está completamente bêbado — a expressão coloquial para *Estou de porre.*

Lernen e Studieren: Aprender, Treinar e Estudar

Lernen significa *aprender, estudar na escola* ou *fazer um treinamento para um trabalho.* **Studieren** significa *estudar na faculdade.*

Die Kinder lernen nichts in der letzten Schulwoche. (*As crianças não aprendem nada na última semana de aulas.*)

Ich lernte bei der Firma Hirschmann. (*Eu treino na empresa Hirschman.*)

Er studiert Linguistik an der Universität Braunschweig. (*Ele estuda linguística na Universidade de Brunsvique.*)

Machen e Tun: Fazer

Os verbos **machen** e **tun** significam *fazer.* Ambos também têm vários outros significados, dependendo de como são usados na frase.

Der Tisch ist aus Holz gemacht. (*A mesa é feita de madeira.*)

Was machen Sie beruflich? (*O que você faz para viver?*)

Você encontra **machen** em várias expressões comuns. A seguir estão algumas delas:

Mach's gut! (*Fique bem./Se cuida.*)

Was macht die Arbeit? (*Como vai o trabalho?*)

Mach schon! (*Vamos logo!*)

Der Wind macht mir nichts. (*Eu não me importo com o vento.*)

Das macht nichts. (*Não importa.*)

Tun normalmente significa *fazer*, embora também tenha outros significados:

Das hat nichts mit ihr zu tun. (*Isso não tem nada a ver com ela.*)

Es tut mir leid. (*Sinto muito.*)

Sie hat es mit dem Herz zu tun. (*Ela tem problemas cardíacos.*)

Er tut nur so. (*Ele só está fingindo.*)

Wohen e Leben: Morar e Viver

Wohnen e **leben** significam *viver*, embora haja uma importante diferença no uso. **Wohnen** tem a ver com residir em algum lugar e **leben** refere-se a viver, de maneira geral.

Ich wohne in der Gabelsbergerstraße 48. (*Eu moro na Rua Gabelsberger, 48.*)

Viele Wasservögel leben in der Marsch. (*Muitos pássaros da costa vivem no pântano.*)

Sie leben mitten in der Stadt. (*Eles moram no centro da cidade.*)

Kennen e Wissen: Conhecer Pessoas, Lugares e Informações

O verbo alemão que você usa para expressar familiaridade com pessoas e lugares é **kennen**.

Ich kenne ihn/sie/sie. (*Eu o/a/os/as conheço.*)

Quando se tratar de conhecer fatos, use o verbo **wissen**, que é normalmente usado com uma cláusula subordinada.

Ich weiss nicht, wie viel Uhr es ist. (*Eu não sei que horas são.*)

152 Alemão Essencial Para Leigos

Uma maneira mais curta de dizer a mesma coisa é **Ich weiss es nicht.** (*Eu não sei [a resposta].*)

Verbringen, Spendieren e Ausgeben: Passar Tempo e Gastar Dinheiro

O verbo **verbringen** significa *passar tempo*. O verbo **spendieren** significa *gastar dinheiro com alguém*; por exemplo, uma rodada de bebidas.

> **Sie verbringt viel Zeit im Büro.** (*Ela passa bastante tempo no escritório.*)

> **Ich spendiere eine Runde.** (*Eu pagarei uma rodada.*)

Outro verbo, **ausgeben**, significa *gastar dinheiro*; ele também significa *emitir, entregar* ou *dar* alguma coisa.

> **Letztes Jahr gaben wir zu viel Geld aus.** (*Ano passado, nós gastamos dinheiro demais.*)

> **Die neuen Ausweise werden in den kommenden Monaten ausgegeben.** (*Os novos cartões de identificação serão emitidos nos próximos meses.*)

Werden e Bekommen: Tornar-se e Obter

O verbo alemão para *tornar* é **werden**.

> **Er wird Arzt.** (*Ele será/se transformará em um médico.*)

Falantes de alemão usam o verbo **bekommen** no sentido de obter, como sobre receber muitos visitantes, assim:

> **Sie bekommen viel Besuch.** (*Eles recebem muitas visitas.*)

CAPÍTULO 10 **Dez Distinções Verbais Importantes** 153

Quando quiser pedir uma taça de vinho branco, pode dizer **Ich bekomme ein Glas Weisswein, bitte.** (*Eu gostaria de uma taça de vinho branco, por favor.*)

Essen e Fressen: Comer

Essen e **fressen** ambos significam *comer*. Quando descrever o que as pessoas fazem quando ingerem comida, use **essen**.

Ich esse gern Pommes frites. (*Eu gosto de comer batatas fritas.*)

Fressen é reservado para animais, a não ser que você queira descrever os hábitos alimentares de uma pessoa de maneira depreciativa.

Kühe fressen Gras. (*Vacas comem grama.*)

Fresst doch nicht so viel! (*Não coma tanto!*)

Apêndice
Tabelas de Verbos

Neste apêndice, você encontrará as conjugações de vários verbos, na seguinte ordem: pronome do sujeito, da primeira para a terceira pessoa do singular, da primeira para a terceira do plural e, finalmente, a segunda pessoa formal: **ich**, **du**, **er/sie/es**, **wir**, **ihr**, **sie** e **Sie**. Para o imperativo (usado para sugestões e ordens), as pessoas são **du**, **ihr**, **Sie**. Você também encontra uma lista que contém as principais partes de verbos fortes frequentemente usados, verbos fracos irregulares, auxiliares modais e verbos de prefixos separáveis comuns.

Conjugando Verbos nos Tempos Presente e Passado Simples

Você conjuga verbos no presente e no passado simples ao combinar a raiz e a terminação adequada para o verbo em questão. Você vê as terminações na Tabela A–1. Os padrões são os seguintes:

> » **Presente; passado simples de verbos regulares fracos:** Comece com a raiz (infinitivo menos terminação **-en**); adicione a terminação adequada da Tabela A–1.

> » **Passado simples de verbos irregulares fracos e fortes:** Na raiz do passado simples, adicione a terminação adequada da Tabela A–1.

TABELA A-1 Terminações de Verbos no Presente e Passado Simples

Pronome do Sujeito	Presente: Maioria dos Verbos	Presente: Raiz Terminando em -d, -t, -fn, -gn	Passado Simples: Verbos Fracos (Regulares e Irregulares)	Passado Simples: Verbos Fracos, Raiz Terminando em -d, -t, -fn, -gn	Passado Simples: Verbos Fortes
ich	-e	-e	-te	-ete	-
du	-st	-est	-test	-etest	-st
er/sie/es	-t	-et	-te	-ete	-
wir	-en	-en	-ten	-eten	-en
ihr	-t	-et	-tet	-etet	-t
sie	-en	-en	-ten	-eten	-en
Sie	-en	-en	-ten	-eten	-en

Conjugando Verbos no Presente Perfeito, Futuro e Subjuntivo

As próximas seções mostram como conjugar verbos para que possa usá-los ao escrever ou falar.

Presente perfeito

Para formar o presente perfeito, primeiro conjugue o presente do auxiliar **haben** (*ter*) ou **sein** (*ser*), então adicione o particípio passado; por exemplo, **ich habe gesehen** (*Eu tenho visto*) e **Ich bin gegangen** (*Eu tenho ido/fui*).

Para o particípio passado da maioria dos verbos fracos, pegue o prefixo **ge-**, adicione a raiz infinitiva (formada por retirar **-en** do infinitivo), e adicione a terminação **-t**. Exemplo: **ge-** + **wohn-** + **-t** = **gewohnt** (*morou*). Verbos com raízes terminadas em **-d, -t, -fn** ou **-gn** adicione **-e** antes da terminação final **-t**. Exemplo: **ge-** + **arbeit-** + **-et** = **gearbeitet** (*trabalhou*).

156 Alemão Essencial Para Leigos

Alguns verbos não usam o prefixo **ge-**. Exemplos incluem verbos com o infinitivo terminando em **-ieren**, como **informieren** (*informar*) → **informiert** (*informado*) e **telefonieren** (*telefonar*) → **telefoniert** (*telefonado*). Alguns verbos de prefixos inseparáveis que não usam o prefixo **ge-** incluem **bekommen** (*pegar*), **gehören** (*pertencer*) e **vergessen** (*esquecer*).

O particípio passado da maioria dos verbos fortes começa com o prefixo **ge-** e termina em **-en**. Muitos particípios passados têm mudanças na vogal da raiz, e alguns têm mudanças de vogais e consoantes. Por exemplo, **sehen** (*ver*) → **gesehen** (*visto*) não tem mudança na raiz; **finden** (*encontrar*) → **gefunden** (*encontrado*) tem na vogal; e **sitzen** (*sentar*) → **gesessen** (*sentado*) tem na vogal e na consoante. A Tabela A–2, no final deste apêndice, mostra os particípios passados para verbos fortes.

Os particípios passados de verbos irregulares, como os auxiliares, têm terminações diferentes. Você as encontra separadamente nas tabelas correspondentes neste apêndice.

Futuro

O futuro conjuga o presente do verbo auxiliar **werden** — **werde**, **wirst**, **wird**, **werden**, **werdet**, **werden**, **werden** — e adiciona a forma infinitiva do verbo principal. Exemplo: **Ich werde fahren** (*Eu irei/dirigirei*).

Subjuntivo

Na maioria dos casos do presente subjuntivo, conjugue o subjuntivo do auxiliar **werden** — **würde, würdest, würde, würden, würdet, würden, würden** — e adicione a forma infinitiva do verbo principal. Exemplo: **Ich würde leben** (*Eu viveria*).

APÊNDICE **Tabelas de Verbos** 157

Verbos Fracos

Verbos regulares (sem mudança na raiz no passado simples)

wohnen (morar, residir)

Raiz do presente: wohn-

Passado simples (1ª/3ª pessoa do singular): wohn**te**

Particípio passado: gewohnt; verbo auxiliar: haben

Presente subjuntivo: würde wohnen

Presente: wohn**e**, wohn**st**, wohn**t**, wohn**en**, wohn**t**, wohn**en**, wohn**en**

Passado simples: wohn**te**, wohn**test**, wohn**te**, wohn**ten**, wohn**tet**, wohn**ten**, wohn**ten**

Imperativo: wohn/wohne, wohnt, wohnen Sie

Alguns outros verbos parecidos são **brauchen** (*precisar*), **feiern** (*celebrar*), **glauben** (*acreditar*), **hören** (*escutar*), **kaufen** (*comprar*), **lachen** (*rir*), **lernen** (*aprender*), **machen** (*fazer*), **sagen** (*dizer*) e **spielen** (*jogar*).

Verbos regulares (com raiz terminando em -d, -t, -fn ou -gn)

arbeiten (trabalhar)

Raiz do presente: arbeit-

Passado simples (1ª/3ª pessoa do singular): arbeit**ete**

Particípio passado: gearbeitet; verbo auxiliar: haben

Presente subjuntivo: würde arbeiten

Presente: arbeit**e**, arbeit**est**, arbeit**et**, arbeit**en**, arbeit**et**, arbeit**en**, arbeit**en**

158 Alemão Essencial Para Leigos

Passado simples: arbeit**ete**, arbeit**etest**, arbeit**ete**, arbeit**eten**, arbeit**etet**, arbeit**eten**, arbeit**eten**

Imperativo: arbeite, arbeitet, arbeiten Sie

Alguns outros verbos parecidos são **kosten** (*custar*), öffnen (*abrir*), **reden** (*falar*), **regnen** (*chover*), e **warten** (*esperar*).

Verbos fracos irregulares (com mudança na raiz no passado simples)

denken (pensar)

Raiz do presente: denk-

Passado simples (1ª/3ª pessoa do singular): dach**te**

Particípio passado: gedacht; verbo auxiliar: haben

Presente subjuntivo: würde denken

Presente: denk**e**, denk**st**, denk**t**, denk**en**, denk**t**, denk**en**, denk**en**

Passado simples: dach**te**, dach**test**, dach**te**, dach**ten**, dach**tet**, dach**ten**, dach**ten**

Imperativo: denk/denke, denkt, denken Sie

Outros verbos como esse estão listados na Tabela A–2.

Verbos Fortes

Verbos com auxiliar haben

trinken (beber)

Raiz do presente: trink-

Passado simples (1ª/3ª pessoa do singular): trank

Particípio passado: getrunken; verbo auxiliar: haben

Presente subjuntivo: würde trinken

Presente: trink**e**, trink**st**, trink**t**, trink**en**, trink**t**, trink**en**, trink**en**

Passado simples: trank, trank**st**, trank, trank**en**, trank**t**, tran- k**en**, trank**en**

Imperativo: trink/trinke, trinkt, trinken Sie

Outros verbos como esse estão listados na Tabela A–2.

Verbos com auxiliar sein

kommen (vir)

Raiz do presente: komm-

Passado simples (1ª/3ª pessoa do singular): kam

Particípio passado: gekommen; verbo auxiliar: sein

Presente subjuntivo: würde kommen

Presente: komm**e**, komm**st**, komm**t**, komm**en**, komm**t**, komm**en**, komm**en**

Passado simples: kam, kam**st**, kam, kam**en**, kam**t**, kam**en**, kam**en**

Imperativo: komm/komme, kommt, kommen Sie

Outros verbos como esse estão listados na Tabela A–2.

Verbos com mudança de vogal no presente na 2ª e 3ª pessoa do singular

lesen (ler)

Raiz do presente: les-; mudança de vogal no presente: liest

Passado simples (1ª/3ª-pessoa do singular): las

Particípio passado: gelesen; verbo auxiliar: haben

Presente subjuntivo: würde lesen

Presente: les**e**, **liest**, **liest**, les**en**, les**t**, les**en**, les**en**

Passado simples: las, las**est**/las**t**, las, las**en**, las**t**, las**en**, las**en**

Imperativo: lies, lest, lesen Sie

Outros verbos como esse estão listados na Tabela A–2.

Verbos com Prefixo Separável

mitbringen (trazer consigo)

Raiz do presente: bring- mit

Passado simples (1ª/3ª pessoa do singular): brach**te** mit

Particípio passado: mitgebracht; verbo auxiliar: haben

Presente subjuntivo: würde mitbringen

Presente: bring**e** mit, bring**st** mit, bring**t** mit, bring**en** mit, bring**t** mit, bring**en** mit, bring**en** mit

Passado simples: brach**te** mit, brach**test** mit, brach**te** mit, brach**ten** mit, brach**tet** mit, brach**ten** mit, brach**ten** mit

Imperativo: bring mit/bringe mit, bringt mit, bringen Sie mit

Outros verbos similares são **anhaben** (*vestir*), **anrufen** (*telefonar*), **fernsehen** (*assistir à TV*), e **vorhaben** (*planejar*).

Verbos com Prefixo Inseparável (Sem -Ge no Particípio Passado)

Verbos com particípio passado terminado em -t

bezahlen (pagar)

Raiz do presente: bezahl-

Passado simples (1ª/3ª pessoa do singular): bezahl**te**

Particípio passado: bezahlt; verbo auxiliar: haben

Presente subjuntivo: würde bezahlen

Presente: bezahle, bezahlst, bezahlt, bezahlen, bezahlt, bezahlen, bezahlen

Passado simples: bezahlte, bezahltest, bezahlte, bezahlten, bezahltet, bezahlten, bezahlten

Imperativo: bezahle, bezahlt, bezahlen Sie

Outros verbos parecidos são **beantworten** (*responder*), **besuchen** (*visitar*), **erklären** (*explicar*), **gehören** (*pertencer*) e **versuchen** (*tentar*).

Verbos com particípio passado terminado em -en

gefallen (gostar)

Raiz do presente: gefall-

Mudança da vogal no presente (na 1ª/3ª pessoa do singular): gefäll-

Passado simples (1ª/3ª pessoa do singular): gefiel

Particípio passado: gefallen; verbo auxiliar: haben

Presente subjuntivo: würde gefallen

Presente: gefalle, gefällst, gefällt, gefallen, gefallt, gefallen, gefallen

Passado simples: gefiel, gefielst, gefiel, gefielen, gefielt, gefielen, gefielen

Imperativo: gefall/gefalle, gefallt, gefallen Sie

Outros verbos como esse estão listados na Tabela A–2, no final do capítulo.

Verbos Auxiliares Haben, Sein e Werden

haben (ter)

Presente (e auxiliar para verbos usando haben no presente perfeito): habe, hast, hat, haben, habt, haben, haben

Passado simples (1ª/3ª pessoa do singular): hatte

Particípio passado: gehabt; verbo auxiliar: haben

Presente subjuntivo (igual ao passado simples com trema): hätte, hättest, hätte, hätten, hättet, hätten, hätten

Passado simples: hatte, hattest, hatte, hatten, hattet, hatten, hatten

Imperativo: hab/habe, habt, haben Sie

sein (ser)

Presente (e auxiliar para verbos com sein no presente perfeito): bin, bist, ist, sind, seid, sind, sind

Passado simples (1ª/3ª pessoa do singular): war

Particípio passado: gewesen; verbo auxiliar: sein

Presente subjuntivo: wäre, wärest, wäre, wären, wäret, wären, wären

Passado simples: war, warst, war, waren, wart, waren, waren

Imperativo: sei, seid, seien Sie

werden (tornar-se, vir a ser)

Presente: werde, wirst, wird, werden, werdet, werden

Passado simples (1ª/3ª pessoa do singular): wurde

Particípio passado: geworden; verbo auxiliar: sein

Presente subjuntivo (same as simple past with umlaut): würde, würdest, würde, würden, würdet, würden, würden

Passado simples: wurde, wurdest, wurde, wurden, wurdet, wurden, wurden

Imperativo: werde, werdet, werden Sie

Note que o presente de **werden** é o verbo auxiliar para formar o futuro, e o presente subjuntivo é o auxiliar para muitos verbos no presente subjuntivo.

Auxiliares Modais Dürfen, Können, Mögen, Müssen, Sollen e Wollen

dürfen (ter permissão, poder)

Presente: darf, darfst, darf, dürfen, dürft, dürfen, dürfen

Passado simples (1ª/3ª pessoa do singular): durfte

Particípio passado: gedurft; verbo auxiliar: haben

Presente subjuntivo (igual ao passado simples com trema): dürfte

Passado simples: durfte, durftest, durfte, durften, durftet, durften, durften

können (ser capaz de, poder, saber fazer algo)

Presente: kann, kannst, kann, können, könnt, können, können

Passado simples (1ª/3ª pessoa do singular): konnte

Particípio passado: gekonnt; verbo auxiliar: haben

Presente subjuntivo (igual ao passado simples com trema): könnte

Passado simples: konnte, konntest, konnte, konnten, konntet, konnten, konnten

164 Alemão Essencial Para Leigos

mögen (gostar [de], querer)

Presente: mag, mag**st**, mag, mög**en**, mög**t**, mög**en**, mög**en**

Passado simples (1ª/3ª pessoa do singular): moch**te**

Particípio passado: gemocht; verbo auxiliar: haben

Presente subjuntivo (igual ao passado simples com trema): möch**te** (*gostaria de*)

Passado simples: moch**te**, moch**test**, moch**te**, moch**ten**, moch**tet**, moch**ten**, moch**te**

müssen (ter que, dever)

Presente: muss, muss**t**, muss, müss**en**, müss**t**, müss**en**, müss**en**

Passado simples (1ª/3ª pessoa do singular): muss**te**

Particípio passado: gemusst; verbo auxiliar: haben

Presente subjuntivo (igual ao passado simples com trema): müss**te**

Passado simples: muss**te**, muss**test**, muss**te**, muss**ten**, muss**tet**, muss**ten**, muss**ten**

sollen (ter que, dever)

Presente: soll, soll**st**, soll, soll**en**, soll**t**, soll**en**, soll**en**

Passado simples (1ª/3ª pessoa do singular): soll**te**

Particípio passado: gesollt; verbo auxiliar: haben

Presente subjuntivo (igual ao passado simples): soll**te**

Passado simples: soll**te**, soll**test**, soll**te**, soll**ten**, soll**tet**, soll**ten**, soll**ten**

wollen (querer)

Presente: will, will**st**, will, woll**en**, woll**t**, woll**en**, woll**en**

Passado simples (1ª/3ª-pessoa do singular): woll**te**

Particípio passado: gewollt; Verbo auxiliar: haben

Presente subjuntivo (igual ao passado simples): wollte

Passado simples: wollte, wolltest, wollte, wollten, wolltet, wollten, wollten

Partes Principais dos Verbos

A Tabela A–2 contém verbos fortes usados com frequência, verbos fracos irregulares, auxiliares modais, verbos com prefixos separáveis comuns cuja base verbal não está listada, **haben** (*ter*) e **sein** (*ser*). Os passados particípios que usam o auxiliar **sein** estão indicados; os outros usam **haben**.

TABELA A–2 ## Partes Principais dos Verbos

Infinitivo	Mudança na Raiz (3ª Pessoa do Singular no Presente)	Passado Simples	Particípio Passado	Significado em Português
anfangen	fängt an	fing an	angefangen	*começar*
anrufen		rief an	angerufen	*telefonar*
beginnen		begann	begonnen	*começar*
bekommen		bekam	bekommen	*ter, obter*
bleiben		blieb	ist geblieben	*ficar*
brechen	bricht	brach	gebrochen	*quebrar*
bringen		brachte	gebracht	*trazer*
denken		dachte	gedacht	*pensar*
dürfen	darf	durfte	gedurft	*ter permissão, poder*
einladen	lädt ein	lud ein	eingeladen	*convidar*
empfehlen	empfiehlt	empfahl	empfohlen	*recomendar*
entscheiden		entschied	entschieden	*decidir*
essen	isst	aß	gegessen	*comer*
fahren	fährt	fuhr	ist gefahren	*ir, dirigir, viajar*

166   Alemão Essencial Para Leigos

fallen	fällt	fiel	ist gefallen	*cair*
finden		fand	gefunden	*encontrar*
fliegen		flog	ist geflogen	*voar*
geben	gibt	gab	gegeben	*dar*
gefallen	gefällt	gefiel	gefallen	*gostar*
gehen		ging	ist gegangen	*ir*
gewinnen		gewann	gewonnen	*ganhar*
haben	hat	hatte	gehabt	*ter*
halten	hält	hielt	gehalten	*parar*
heißen		hieß	geheißen	*ser chamado, nomeado*
helfen	hilft	half	geholfen	*ajudar*
kennen		kannte	gekannt	*conhecer (uma pessoa)*
kommen		kam	ist gekommen	*vir*
können	kann	konnte	gekonnt	*ser capaz de, conseguir*
lassen	lässt	ließ	gelassen	*deixar*
laufen	läuft	lief	ist gelaufen	*correr*
lesen	liest	las	gelesen	*ler*
liegen		lag	gelegen	*deitar (estar situado)*
mögen	mag	mochte	gemocht	*gostar*
müssen	muss	musste	gemusst	*ter que, dever*
nehmen	nimmt	nahm	genommen	*pegar*
schlafen	schläft	schlief	geschlafen	*dormir*
schließen		schloss	geschlossen	*fechar*
schreiben		schrieb	geschrieben	*escrever*
schwimmen		schwamm	ist geschwommen	*nadar*
sehen	sieht	sah	gesehen	*ver*
sein	ist	war	ist gewesen	*ser*
singen		sang	gesungen	*cantar*
sitzen		saß	gesessen	*sentar*

(continua)

APÊNDICE **Tabelas de Verbos** **167**

(continuação)

sollen	**soll**	**sollte**	**gesollt**	*dever*
sprechen	**spricht**	**sprach**	**gesprochen**	*falar*
stehen		**stand**	**gestanden**	*ficar de pé*
sterben	**stirbt**	**starb**	**ist gestorben**	*morrer*
tragen	**trägt**	**trug**	**getragen**	*vestir, carregar*
treffen	**trifft**	**traf**	**getroffen**	*encontrar*
trinken		**trank**	**getrunken**	*beber*
tun		**tat**	**getan**	*fazer*
vergessen	**vergisst**	**vergaß**	**vergessen**	*esquecer*
verlieren		**verlor**	**verloren**	*perder*
verstehen		**verstand**	**verstanden**	*entender*
waschen	**wäscht**	**wusch**	**gewaschen**	*lavar*
werden	**wird**	**wurde**	**ist geworden**	*tornar*
wissen	**weiß**	**wusste**	**gewusst**	*saber (fato)*
wollen	**will**	**wollte**	**gewollt**	*querer*

Índice

A

a→ä verbos, 43
ab- (prefixo separável), 49, 121
abend (noite), 11, 14
aber (mas), 96
abfahren (ir embora), 121
acordo, 9, 70-72
adjetivos
  sobre, 17, 69
  descritivos, 70-72
  terminações, 17, 71
  modificado por advérbios, 74
  números ordinais como, 9
  possessivo, 70, 73-74
  sein utilizado com, 46
  usando, 17
advérbios, 46, 69, 74
als (do que; em comparações), 75
alt (velho), 79
älter (mais velho), 79
am (no), 9, 76, 90
am, em superlativos, 80
an (no, sobre), 89, 105
an- (prefixo separável), 49, 117
anfangen (começar), 118, 166
angst haben (ter medo), 45
anhaben (vestir), 161
ankommen (chegar), 118
anrufen (ligar), 118, 161, 166
ans (no), 90
anstatt (em vez de), 87

arbeiten (trabalhar), 41-42, 111-112, 121, 122, 139, 159
artigos definidos
  sobre, 15
  preposições acusativas que causam mudança em, 83
  por caso, 31
  preposições dativas e, 86
  gênero, 15, 24, 25
  usando, 27
artigos indefinidos, 16, 24-25, 27, 32
árvores, gênero, 26
au→äu verbos, 43
auf (on), 82, 88, 105
auf- (prefixo separável), 49, 117
aufgeben (desistir, verificar bagagem), 118
aufs (no), 91
aus (a partir de), 85, 105, 106
aus- (prefixo separável), 50
außer (além de, exceto), 85
außerhalb (fora de), 87
ausgeben (gastar dinheiro), 153
aussehen (parecer com), 118

B

backen (assar), 43, 114
bald (em breve), 80
be- (prefixo inseparável), 52, 117

beantworten (responder), 119, 162
beginnen (começar), 114, 122, 123, 167
bei (em), 85
bei- (prefixo separável), 50
beim (em; dativo), 86
bekommen (obter, receber), 119, 153, 157, 167
bescheiden (modesto), 77
besonders (especialmente), 74
besser (melhor), 80
besuchen (visitar), 119, 162
bezahlen (pagar), 119, 162
billig (barato), 77
bis (até, acusativo), 83, 91
bleiben (ficar, permanecer), 70, 116, 167
blond (loiro), 79
brauchen (precisar), 158
brechen (quebrar), 167
brennen (queimar), 113
bringen (trazer), 42, 113, 150, 167

C

capitalização, 15, 40
caso acusativo
  sobre, 30
  terminações adjetivas, 71-73
  artigos com, 31, 32
  pronomes demonstrativos, 35

Índice   **169**

pronomes pessoais, 33
preposições, 81, 82-83
pronomes reflexivos,
47-48
pronomes relativos, 34
caso dativo
sobre, 30
terminações adjetivas,
71-72
artigos com, 31, 32
preposições, 81, 82,
83-87
pronomes reflexivos,
47-48
pronomes relativos, 34
caso genitivo
sobre 31
terminações adjetivas,
71-73
artigos com, 31, 32
preposições, 81, 82,
87-88
pronomes relativos, 34
caso nominativo, 30-35,
71-73
comandos 136-138
comparações, 75-81
condição, descrevendo,
142
conjugação, 40, 157-162
conjunções
subordinadas, 21
contrações, 9, 84, 86, 90
cores 26

D
da- (prefixo separável), 50
damit (para que), 21
das (isto, o, aquele), 15,
16, 24, 25, 31, 34, 35
dass (aquele), 21
datas, 10-12
Datum (data), 8
dein (seu), 17, 32, 73
dekorieren (decorar),
120

dem (o), 31, 35
den (ele, isto, o, aquele),
16-17, 31, 34, 35, 36
denen (pronome
relativo), 35
denken (pensar), 113,
159, 167
der (ele, isto, o), 15, 24,
25, 31, 34, 35, 36
deren (pronome relativo),
35
desigualdade,
comparações, 80-81
dessen (pronome
relativo), 34
Deutschland (Alemanha),
1
dias da semana, 10-11, 26
dich (você, você mesmo),
33, 47, 84
die (ela, ela, eles, eles),
15, 24, 25, 28, 31, 34,
35, 36
Dienstag (terça-feira), 10
diese (aquele), 17
diesen (aquele), 17
dir (você, você mesmo),
33, 47
discurso indireto, 136,
145-148
Donnerstag (quinta-
feira), 10
dritte (terceiro), 9
drucken (imprimir), 112
du (você), 33, 38, 39, 137
dunkel (escuro), 77
durch (através), 82, 83,
105
durch- (prefixo), 53
durchs (através de), 84
dürfen (ter permissão
para), 56, 57-58, 141,
164, 167
durst haben (ter sede),
45

E
e→i verbos, 44
e→ie verbos, 44
eher (mais cedo), 80
**ein / eine / einem /
einen / einer / eines**
(um/uma), 16, 25, 26, 32
ein- (prefixo separável),
50
einhundert (cem), 8
einkaufen (fazer
compras), 50, 118
einladen (convidar), 118,
167
emp- (prefixo
inseparável), 52
empfehlen
(recomendar), 167
ent- (prefixo inseparável),
52
entgegen- (prefixo
separável), 50
entlang (junto, para
baixo), 91
entscheiden (decidir),
167
er (ele), 33, 38
er- (prefixo inseparável),
52
erkennen (reconhecer),
119
erklären (explicar), 161
erste (primeiro), 9
erzählen (contar), 119
es (isto), 33, 38
es tut mir leid
(desculpe-me), 101
essen (comer), 44, 63,
114, 123, 154, 167
estações do ano, 26
etwas (um pouco), 74
euch (vocês, vocês
mesmos), 33, 47, 84
euer (seu), 17, 73

170   Alemão Essencial Para Leigos

F

fahren (dirigir), 20, 43, 63, 115, 116, 165
fallen (cair), 43, 116, 123, 167
falsch (errado), 79
fast keine (zeit) (praticamente nenhum [tempo]), 101
feiern (comemorar), 158
feiertage (férias), 8
fenster (janela), 28
fernsehen (assistir TV), 117, 118, 161
fest- (prefixo separável), 50
festhalten (aguentar), 50
finden (encontrar), 42, 114, 123, 157, 167
fleißig (trabalhador), 77
fliegen (voar), 116, 124, 167
fließen (fluir, correr), 116
flores, gênero, 26
fort- (prefixo separável), 50
fotografieren (fotografar), 120
frases
  casos em, 30
  partes de, 30, 33, 34
  ordem das palavras, 19-22, 34, 47, 133-134
  preposicionais, 19, 87
Freitag (sexta-feira), 10
fressen (comer), 154
freundlich (amigável), 78
froh (contente), 79
führen (liderar), 112
fünfte (quinto), 9
für (para), 83, 105
fürs (para o), 83
futuro, expressando, 126, 133

G

garten (jardim), 15
ge- (prefixo inseparável), 52
geben (dar), 44, 114, 124, 167
gefallen (gostar, aproveitar), 43, 162-163, 167
gegen (contra, para), 83, 105
gegenüber (em frente a, oposto a), 92
gegenüber- (prefixo separável), 50
gehen (ir), 22, 42, 63, 115-116, 124, 129, 141, 146, 147, 167
gehören (pertencer), 157, 162
genau (exatamente, precisamente), 95, 97
genauso... wie... (assim como . . . como . . .), 81
gênero, 15, 23-26
gern (com prazer), 45, 62, 80
gerúndios, 26
getern (ontem), 11
gewinnen (ganhar), 167
gewiss (claro, com certeza) 95, 97
gleich- (prefixo separável), 50
glück haben (ser sortudo), 45
gostos, descrevendo, 61
gut (bom), 80

H

haben (ter)
  sobre 38, 63
  verbos auxiliares com, 159
  conjugação, 163
  presente, 45-46
  presente perfeito, 110, 112, 115
  partes principais 166
  subjuntivo com, 140, 143, 147
  ordem das palavras, 22
halb (metade), 13
halb so... wie... (metade como ... como . . .), 81
halten (segurar, parar), 114, 124, 167
hässlich (feio), 78
hätte (teria), 140, 143, 144, 145, 147
haus (casa), 16
heiraten (casar-se), 111
heiß (quente), 150
heißen (ser chamado, nomeado), 42, 114, 141, 167
helfen (ajudar), 114, 167
her- (prefixo separável), 50
heute (hoje), 11
heute abend (esta noite), 128
hin- (prefixo separável), 50
hinter (atrás, na parte de trás), 89, 105
hinter- (prefixo), 53
hinzu- (prefixo separável), 50
hipotéticos, 136, 138, 142, 144
hm→mm verbos, 44
hoch (alto), 80
hoffen (esperar), 112
höflich (educado), 78
höher (superior), 80
hören (ouvir), 112, 158
hübsch (bonito), 78
hunger haben (estar com fome), 45

Índice **171**

I

i→ei verbos, 44
ich (eu), 33, 38
ícones, explicados, 3
igualdade, comparações, 80-81
ihm (ele/isto), 33
ihn (ele), 84
ihnen (vocês, eles), 33
ihr (ela, você), 33, 38, 39, 73, 137
in (dentro, para), 19, 82, 89, 105
indicador de tempo, 121
infinitivo, 17-18, 42
informieren (para informar), 157
innerhalb (dentro de), 87
ins (no), 91
intenções, declarando, 67-68
inversão do verbo, 20

J

ja (sim), 94-95, 96
jahr (ano), 11-12
jawohl (exatamente), 96
je... , desto... (o ... -er), 81

K

kalt (frio), 150
kaufen (comprar), 42, 112, 158
kein (não, nenhum), 97-98
kellner / kellnerin (garçom/garçonete), 63
kennen (conhecer uma pessoa), 43, 113, 152, 167
kennen- (prefixo separável), 50
klar (claro, é claro), 79, 96

kommen (vir), 41, 115, 116, 124, 160, 167
können (ser capaz de), 56, 59-61, 141, 144-145, 164-165, 167
könnte (poderia, seria capaz de), 141
kosten (custar), 42, 112, 159
kriegen (obter), 112
kuss (beijo), 29

L

lächeln (sorrir), 112
lachen (rir), 158
Lassen (sair, deixar), 114, 167
laufen (rir), 43, 115, 116, 167
laut (alto, ruidoso), 79
leben (viver), 112, 152
lernen (aprender), 42, 151, 158
lesen (ler), 44, 114, 161, 167
letzte (último), 9
lieber (preferido), 80
liegen (deitar, estar localizado), 114, 166
locais, gênero, 26
los- (prefixo separável), 50

M

machen (fazer), 151, 158
mädchen (garota), 24
Mai (maio), 11
März (março), 12
mehr (mais), 76, 80
mein (meu), 17, 32, 73
meses do ano, 11-12
mich (eu, eu mesmo), 33, 47, 84
milch (leite), 29

mir (eu, eu mesmo), 33, 46
Mir ist heiß (estou com calor), 150
miss- (prefixo inseparável), 52
mit (com), 50, 85, 105
mit- (prefixo separável), 50, 121
mitbringen (trazer), 161
mitkommen (vir junto), 121
mittag (meio-dia), 14
mitternacht (meia-noite), 14
Mittwoch (quarta-feira), 10
möchten (gostaria [de]), 63-64, 67
modo imperativo, 136-138
modo indicativo, 135
modo subjuntivo, 136, 138-143, 145-148
modo verbal
imperativo, 135, 136-138
indicativo, 135
subjuntivo, 136, 138-148, 157
moeda, 7
mögen (gostar de), 56, 57, 61-64, 141, 164, 168
möglichkeit (possibilidade), 28
monat (mês), 12
Montag (segunda-feira), 10
Morgen (manhã, amanhã), 11, 14, 20
Morgen früh (amanhã de manhã), 128
musikalisch (musical), 78
müssen (deve, ter que), 56, 64-65, 164, 168
mutig (corajoso), 78

N

nach (passado, depois, para), 13, 85, 105, 106
nach- (prefixo separável), 50
nach hause (indo para casa), 91
nachmittag (tarde), 14
nächste (próximo), 9
nächste Woche (próxima semana), 128
nacht (noite, esta noite), 14, 16
nacionalidades 27
nah (perto), 80
näher (mais perto), 80
natürlich (naturalmente), 96, 97
neben (ao lado, próximo de), 89
negação, 97-102
nehmen (levar), 43, 44, 114, 150, 168
nein (não), 97
nennen (nomear, chamar), 113
nett (bom), 78
nicht (não), 94, 97-98
nicht dürfen (não permitido), 65
nicht ganz (não completamente), 102
nicht hundert-prozentig (não 100%), 102
nicht müssen (desnecessário), 65
nicht nur (... sondern auch) (não só ... [mas também]), 102
nicht wahr? (não é verdade?), 94
nomes de lugares, gênero, 26
nomes de países 27, 28
números 6-10

números cardinais, 6-8
números de telefone, 7
números ordinais, 6, 8-10

O

objeto direto (da frase), 30, 47
objeto direto (de sentença), 30, 47
obwohl (embora), 21
ocupações, gênero, 27
öffnen (abrir), 159
ohne (sem), 83
onkel (tio), 25
opinião, expressando, 143
oração principal, 33, 34
oração relativa, 34
orações, 19, 21, 33, 34
orações dependentes, 21
orações subordinadas, 34
ordem das palavras
tempo futuro, 133-134
imperativo, 138
perguntas, 94-95, 99-100, 102
pronomes reflexivos, 47
orações relativas, 34
frases 19-22, 34, 47, 133-134
ordentlich (limpo), 78

P

palavras interrogativas, 102-103
partes do dia, 11, 14
partes do discurso, 15.
particípio passado
sobre, 109, 165-167
de verbos irregulares, 113, 157
de verbos fortes, 114, 157
de verbos fracos, 111-113, 156

passado contínuo, 111
passado simples
sobre, 109, 110, 120-121, 165-167
com verbos irregulares (fortes), 122-123, 156
com verbos regulares (fracos), 121-122, 156
pedidos 143
pensamento ilusório, expressando, 144
perguntas, 93-107
perguntas compostas, 104-106
perguntas de sim/não, 94-101
perguntas informativas, 102-103
permissão, dando, 57
ponto de exclamação, 137-138
posse, caso genitivo, 31, 32
preferências, expressando, 62-63
preposições
sobre, 18-19, 69
acusativo, 82-83
casos e, 81-88
combinações de, 91-92
contrações, 83-84
dativas, 82, 84-86
genitivo, 81, 82, 87-88
preposições duplas, 88-90
preposições acusativas, 82-84
Preposições de duas vias, 88-90
preposições genitivas, 81, 82, 87-88
presente
sobre, 37, 40
expressando futuro com, 125-127, 134
verbos irregulares, 44-46

Índice   173

verbos auxiliares
modais, 56
verbos regulares, 41-42,
158-159
verbos com alterações
ortográficas, 43-44
presente perfeito
sobre, 110
com verbos de prefixo
inseparáveis, 118-119,
162
com **sein,** 115-117
com verbos de prefixo
separável, 117-118, 161
com verbos fortes, 113-
114
verbos que terminam
em **-ieren,** 120
com verbos fracos, 110-
113, 158-159
presente subjuntivo, 139-
143, 157
primeira pessoa, 38
probabilidade, 132
probieren (experimentar,
amostra), 120
pronomes 16-17.

pronomes
demonstrativos, 17,
35-36
interrogativos, 103-104
pessoais, 16, 32-33,
84, 86
possessivos, 17, 32
reflexivos, 46-47
relativos, 16, 34-35
subjetivos, 38-40
subjetivos familiares,
38-40
subjetivos formais, 38-40
pûnktlich (na hora), 99

R

Reden (falar), 159
regnen (chover), 111, 159
regra do segundo lugar,
20

reisen (viajar), 42
relativ (relativamente),
74
richtig (direita), 95, 96
rufen (ligar), 115

S

sagen (dizer), 42, 158
Samstag / Sonnabend
(sábado), 10
satt (cheio), 150
schick (chique, elegante),
78
schlafen (dormir), 43,
115, 168
schließen (fechar), 168
schon (provavelmente),
132
schön (bonito), 79
schreiben (escrever), 42,
168
schwester (irmã), 25
schwimmen (nadar), 168
sechste (sexto), 10
segunda pessoa, 38-39
sehen (ver), 44, 157, 168
sehr (very), 74
sein (dele), 17
sein (ser/estar)
sobre, 70, 110
verbos auxiliares com,
160
imperativo 137
presente, 46
presente perfeito, 110,
115-116
partes principais, 166
subjuntivo com, 140,
143, 146, 148
seit (para, desde), 85
selbstverständlich
(certamente), 96, 97
sentimentos,
expressando, 143

sich (ele mesmo, ela
mesma, eles mesmos,
vocês mesmos), 47
sicher (certamente, com
certeza, provavelmente,
definitivamente), 96,
97, 132
sie (ela, vocês, você), 33,
38-40, 84, 136
siebte (sétimo), 9
singen (cantar), 168
sitzen (sentar), 157, 168
so ... wie... (tanto ...
quanto ...), 81
sollen (ser suposto), 56,
66-67, 141, 164, 168
Sonnabend/Samstag
(sábado), 10
Sonntag (domingo), 10
spendieren (gastar
dinheiro com alguém),
153
spielen (jogar), 42, 158
sportlich (atlético), 79
sprechen (falar), 43, 168
statt- (prefixo separável),
51
statt dir (em vez de
você), 87
stehen (ficar em pé), 168
sterben (morrer), 168
studieren (estudar), 151
subjuntivo passado, 143,
147-148
substantivo predicativo,
25
substantivos
sobre, 15
substantivos
compostos, 27
artigos definitivos, 15,
24, 25, 27, 31
gênero, 15, 23, 24, 25-26
artigos indefinidos, 16,
24-25, 28, 32

174   Alemão Essencial Para Leigos

plurais, formando, 28-29
sein utilizado com, 46
substantivos femininos
terminações adjetivas, 71-73
artigos com, 15, 24, 25-26, 31-32
pronomes demonstrativos, 35
plurais de, 28
pronomes relativos, 34
substantivos masculinos
terminações adjetivas, 71-73
artigos com, 15, 23, 25-26, 31-32
pronomes demonstrativos, 35
plurais de, 28
pronomes relativos, 34
substantivos neutros
terminações adjetivas, 71-74
artigos com, 15, 24, 25-26, 31-32
pronomes demonstrativos, 35
plurais de, 28
pronomes relativos, 34
substantivos plurais, 28-29, 71-73
sugestões, 138
sujeito (da frase), caso do, 30
superlativo, 75, 76, 79, 80

T
tabelas de verbos, 155-167
telefonieren (telefonar), 157
tempo 13-14, 20, 87, 106, 133
tempo futuro, 128-134, 157
tempos passados, 109

terceira pessoa, 39
Teuer (caro), 79
toll (incrível, ótimo), 79
tragen (carregar, vestir), 43, 168
traum (sonho), 29
trema, 29, 79
treffen (conhecer), 168
trinken (beber), 63, 114, 115, 160, 168
trotz (apesar de, apesar disso), 19, 87
tun (fazer), 42, 113, 141, 151-152, 168
tür (porta), 16

U
über (acima, sobre), 89, 105
über- (prefixo), 53 54
über**m**orgen (depois de amanhã), 11, 128
um (ao redor, para, em), 83, 105
um- (prefixo), 54
ums (no), 84
uns (nós mesmos, nós), 33, 47, 84
unser (nosso), 32, 73
Unter (abaixo, embaixo), 19, 89, 106
unter- (prefixo), 54

V
ver- (prefixo inseparável), 52
verbo auxiliar, 110
verbo principal, 56-57
verbos.
sobre, 17-18
ajudando, 109
infitivos, 17-18, 41
principal, 56-57
particípio passado, 110-114, 157, 166-168

colocação na frase, 19-21
partes principais, 166-168
regra do segundo lugar, 20
com alterações ortográficas, 37, 43-44
verbos auxiliares, 110, 159, 162-163
verbos auxiliares modais, 56-57, 141, 164-166
verbos com mudança na vogal-raiz, 43-44, 137, 157, 161
verbos de prefixo duplo, 53-54
verbos de prefixo separável, 49-51, 117-118, 161
verbos de prefixos inseparáveis, 48, 51-52, 118-119, 157, 162-166
verbos fortes
conjugação, 160
particípio passado, 114, 157
passado presente, 113-114
passado simples, 122, 155-156
subjuntivo, 142-143
verbos fracos
conjugando, 158
particípio passado, 110-113, 157
presente perfeito, 110-113
passado simples, 121-122, 155-156
subjuntivo, 142
verbos de duas partes, 48
verbos frasais, 48
verbos intransitivos 115
verbos irregulares
sobre, 38
conjugação, 159
particípio passado, 113

Índice 175

presente, 45-46

presente perfeito, 112-113

passado simples, 122-124

verbos prefixos, 38, 48-54

verbos reflexivos, 38, 47-48

verbos regulares sobre, 37, 121

conjugação, 158

particípio passado, 111-112

presente, 41-42, 155-156

presente perfeito, 110-111

passado simples, 121

verbos transitivos 115

verbringen (passar o tempo), 153

vergessen (esquecer), 44, 157, 168

verlieren (perder), 168

vernünftig (sensato), 79

verstehen (entender), 168

versuchen (tentar), 162

viel (muito, um monte), 74, 80

vierte (quarto), 9

viertel (um quarto), 13

voll (cheio), 150

voll- (prefixo inseparável), 52

vom (de), 86

von (por, de), 85, 106

vor (para, antes), 13, 89, 106

vor- (prefixo separável), 51

vorgestern (anteontem), 11

vorhaben (planejar), 161

vormittag (manhã), 11, 14

vorsichtig (cuidadoso, com cuidado), 18

W

wahr (verdade), 79

während (durante), 82, 87

wandern (caminhar), 42, 43

wann (quando), 103, 107

wäre (seria), 141, 143, 144, 163

warten (esperar), 158

warum (por que), 102, 103, 106

was (o que), 102

was für (para que, que tipo de), 103, 104

waschen (lavar), 43, 168

weg- (prefixo separável), 51

wegen (por causa), 87

wegen mir (por minha causa), 87

weil (porque), 21, 106

welcher / welche / welches (qual), 103

wem (quem), 103

wen (quem), 103

wer (quem), 102, 103

werden (tornar-se), 115, 129-130, 139, 141, 153, 157, 163, 168

wessen (cujo), 103

wider- (prefixo), 54

wie (nós), 103, 106

wie viel(e) (quanto/muitos), 103

wieder- (prefixo), 54

wir (nós), 33, 38

wirklich (absolutamente, realmente), 74

wissen (saber), 43, 44, 113, 141, 152, 168

witzig (espirituoso), 79

wo (onde), 103, 104

wo- (prefixo), 104-105

woche (semana), 12

wofür (qual), 105

woher (de onde), 103, 106

wohin (para onde), 103, 106

wohl (provavelmente, sem dúvida, ter certeza), 132

wohnen (viver), 43, 121, 147, 152, 158

wollen (querer), 56, 67-68, 141, 166, 168

worüber (sobre o que), 105

würde (faria), 139-140

Z

zahlen (pagar), 150

zählen (contar), 150

zer- (prefixo inseparável), 52

ziemlich (bastante), 74

zu (para), 85, 106

zu- (prefixo separável), 51

zu hause (em casa), 91

zum (para), 86

zur (para), 86

zurück- (prefixo separável), 51

zusammen- (prefixo separável), 51

zweite (segundo), 9

zwei / zwo (dois), 6

zwischen (entre), 89